U0466295

绿色发展通识丛书
GENERAL BOOKS OF GREEN DEVELOPMENT

能源大战

［法］让-玛丽·舍瓦里埃／著
杨挺／译

中国文联出版社
http://www.clapnet.cn

图书在版编目（CIP）数据

能源大战／（法）让-玛丽·舍瓦里埃著；杨挺译．－－北京：中国文联出版社，2020.11
（绿色发展通识丛书）
ISBN 978-7-5190-4418-3

Ⅰ．①能… Ⅱ．①让… ②杨… Ⅲ．①能源经济 Ⅳ．①F407.2

中国版本图书馆CIP数据核字(2020)第233377号

著作权合同登记号：图字01-2017-5501

Originally published in France as :
Les grandes batailles de l'énergie by Jean-Marie Chevalier
© Editions GALLIMARD 2004,2012 for the latest edition
Current Chinese language translation rights arranged through Divas International, Paris ／ 巴黎迪法国际版权代理

能源大战
NENGYUAN DAZHAN

作　　者：[法] 让-玛丽·舍瓦里埃
译　　者：杨　挺

终 审 人：朱彦玲
复 审 人：蒋爱民
责任编辑：胡　笋　贺　希
责任校对：程贵凤
责任译校：黄黎娜
责任印制：陈　晨
封面设计：谭　锴

出版发行：中国文联出版社
地　　址：北京市朝阳区农展馆南里10号，100125
电　　话：010-85923076（咨询）85923092（编务）85923020（邮购）
传　　真：010-85923000（总编室），010-85923020（发行部）
网　　址：http://www.claplus.cn
E-mail：clap@clapnet.cn　hex@clapnet.cn

印　　刷：中煤（北京）印务有限公司
装　　订：中煤（北京）印务有限公司
本书如有破损、缺页、装订错误，请与本社联系调换

开　　本：720×1010　　　　1/16
字　　数：181千字　　　　印　张：20.75
版　　次：2020年11月第1版　印　次：2020年11月第1次印刷
书　　号：ISBN 978-7-5190-4418-3
定　　价：83.00元

版权所有　翻印必究

"绿色发展通识丛书"总序一

洛朗·法比尤斯

1862年，维克多·雨果写道："如果自然是天意，那么社会则是人为。"这不仅仅是一句简单的箴言，更是一声有力的号召，警醒所有政治家和公民，面对地球家园和子孙后代，他们能享有的权利，以及必须履行的义务。自然提供物质财富，社会则提供社会、道德和经济财富。前者应由后者来捍卫。

我有幸担任巴黎气候大会（COP21）的主席。大会于2015年12月落幕，并达成了一项协定，而中国的批准使这项协议变得更加有力。我们应为此祝贺，并心怀希望，因为地球的未来很大程度上受到中国的影响。对环境的关心跨越了各个学科，关乎生活的各个领域，并超越了差异。这是一种价值观，更是一种意识，需要将之唤醒、进行培养并加以维系。

四十年来（或者说第一次石油危机以来），法国出现、形成并发展了自己的环境思想。今天，公民的生态意识越来越强。众多环境组织和优秀作品推动了改变的进程，并促使创新的公共政策得到落实。法国愿成为环保之路的先行者。

2016年"中法环境月"之际，法国驻华大使馆采取了一系列措施，推动环境类书籍的出版。使馆为年轻译者组织环境主题翻译培训之后，又制作了一本书目手册，收录了法国思想界最具代表性的 33 本书籍，以供译成中文。

中国立即做出了响应。得益于中国文联出版社的积极参与，"绿色发展通识丛书"将在中国出版。丛书汇集了 33 本非虚构类作品，代表了法国对生态和环境的分析和思考。

让我们翻译、阅读并倾听这些记者、科学家、学者、政治家、哲学家和相关专家：因为他们有话要说。正因如此，我要感谢中国文联出版社，使他们的声音得以在中国传播。

中法两国受到同样信念的鼓舞，将为我们的未来尽一切努力。我衷心呼吁，继续深化这一合作，保卫我们共同的家园。

如果你心怀他人，那么这一信念将不可撼动。地球是一份馈赠和宝藏，她从不理应属于我们，她需要我们去珍惜、去与远友近邻分享、去向子孙后代传承。

2017 年 7 月 5 日

（作者为法国著名政治家，现任法国宪法委员会主席、原巴黎气候变化大会主席，曾任法国政府总理、法国国民议会议长、法国社会党第一书记、法国经济财政和工业部部长、法国外交部部长）

"绿色发展通识丛书"总序二

万钢

习近平总书记在中共十九大上明确提出,建设生态文明是中华民族永续发展的千年大计。必须树立和践行绿水青山就是金山银山的理念坚持节约资源和保护环境的基本国策,像对待生命一样对待生态环境。我们要建设的现代化是人与自然和谐共生的现代化,既要创造更多物质财富和精神财富以满足人民日益增长的美好生活需要,也要提供更多优质生态产品以满足人民日益增长的优美生态环境需要。近年来,我国生态文明建设成效显著,绿色发展理念在神州大地不断深入人心,建设美丽中国已经成为13亿中国人的热切期盼和共同行动。

创新是引领发展的第一动力,科技创新为生态文明和美丽中国建设提供了重要支撑。多年来,经过科技界和广大科技工作者的不懈努力,我国资源环境领域的科技创新取得了长足进步,以科技手段为解决国家发展面临的瓶颈制约和人民群众关切的实际问题作出了重要贡献。太阳能光伏、风电、新能源汽车等产业的技术和规模位居世界前列,大气、水、土壤污染的治理能力和水平也有了明显提高。生态环保领域科学普及的深度和广度不断拓展,有力推动了全社会加快形成绿色、可持续的生产方式和消费模式。

推动绿色发展是构建人类命运共同体的重要内容。近年来，中国积极引导应对气候变化国际合作，得到了国际社会的广泛认同，成为全球生态文明建设的重要参与者、贡献者和引领者。这套"绿色发展通识丛书"的出版，得益于中法两国相关部门的大力支持和推动。第一辑出版的33种图书，包括法国科学家、政治家、哲学家关于生态环境的思考。后续还将陆续出版由中国的专家学者编写的生态环保、可持续发展等方面图书。特别要出版一批面向中国青少年的绘本类生态环保图书，把绿色发展的理念深深植根于广大青少年的教育之中，让"人与自然和谐共生"成为中华民族思想文化传承的重要内容。

科学技术的发展深刻地改变了人类对自然的认识，即使在科技创新迅猛发展的今天，我们仍然要思考和回答历史上先贤们曾经提出的人与自然关系问题。正在孕育兴起的新一轮科技革命和产业变革将为认识人类自身和探求自然奥秘提供新的手段和工具，如何更好地让人与自然和谐共生，我们将依靠科学技术的力量去寻找更多新的答案。

2017年10月25日

（作者为十二届全国政协副主席，致公党中央主席，科学技术部部长，中国科学技术协会主席）

"绿色发展通识丛书"总序三

铁凝

  这套由中国文联出版社策划的"绿色发展通识丛书",从法国数十家出版机构引进版权并翻译成中文出版,内容包括记者、科学家、学者、政治家、哲学家和各领域的专家关于生态环境的独到思考。丛书内涵丰富亦有规模,是文联出版人践行社会责任,倡导绿色发展,推介国际环境治理先进经验,提升国人环保意识的一次有益实践。首批出版的33种图书得到了法国驻华大使馆、中国文学艺术基金会和社会各界的支持。诸位译者在共同理念的感召下辛勤工作,使中译本得以顺利面世。

  中华民族"天人合一"的传统理念、人与自然和谐相处的当代追求,是我们尊重自然、顺应自然、保护自然的思想基础。在今天,"绿色发展"已经成为中国国家战略的"五大发展理念"之一。中国国家主席习近平关于"绿水青山就是金山银山"等一系列论述,关于人与自然构成"生命共同体"的思想,深刻阐释了建设生态文明是关系人民福祉、关系民族未来、造福子孙后代的大计。"绿色发展通识丛书"既表达了作者们对生态环境的分析和思考,也呼应了"绿水青山就是金山银山"的绿色发展理念。我相信,这一系列图书的出版对呼唤全民生态文明意识,推动绿色发展方式和生活方式具有十分积极的意义。

20世纪美国自然文学作家亨利·贝斯顿曾说："支撑人类生活的那些诸如尊严、美丽及诗意的古老价值就是出自大自然的灵感。它们产生于自然世界的神秘与美丽。"长期以来，为了让天更蓝、山更绿、水更清、环境更优美，为了自然和人类这互为依存的生命共同体更加健康、更加富有尊严，中国一大批文艺家发挥社会公众人物的影响力、感召力，积极投身生态文明公益事业，以自身行动引领公众善待大自然和珍爱环境的生活方式。藉此"绿色发展通识丛书"出版之际，期待我们的作家、艺术家进一步积极投身多种形式的生态文明公益活动，自觉推动全社会形成绿色发展方式和生活方式，推动"绿色发展"理念成为"地球村"的共同实践，为保护我们共同的家园做出贡献。

中华文化源远流长，世界文明同理连枝，文明因交流而多彩，文明因互鉴而丰富。在"绿色发展通识丛书"出版之际，更希望文联出版人进一步参与中法文化交流和国际文化交流与传播，扩展出版人的视野，围绕破解包括气候变化在内的人类共同难题，把中华文化中具有当代价值和世界意义的思想资源发掘出来，传播出去，为构建人类文明共同体、推进人类文明的发展进步做出应有的贡献。

珍重地球家园，机智而有效地扼制环境危机的脚步，是人类社会的共同事业。如果地球家园真正的美来自一种持续感，一种深层的生态感，一个自然有序的世界，一种整体共生的优雅，就让我们以此共勉。

2017年8月24日

（作者为中国文学艺术界联合会主席、中国作家协会主席）

目录

序言

前言

引子　战场（001）

第一章　从历史上的能源战汲取经验教训（047）

第二章　欧洲能源市场自由化之战（089）

第三章　新电力市场之战（135）

第四章　天然气协商战（189）

第五章　无休止的石油战（233）

第六章　21世纪之战：约翰内斯堡方程（263）

参考文献（305）

致艾莉娅娜、雅丝米娜、索尼娅、本杰明、玛蒂尔德和索菲。

序言

生于启蒙时代的杰出人士，即使他们本身并不是科学家，但他们一定都对科学充满好奇，会在家里安置一个研究室或者天文观察台去尝试探索。而我们这个年代的人则必须要走近能源，去了解能源的相关知识。试想离开了能源，我们该如何取暖、出行、获取信息、医疗、教育、娱乐和发展自我呢？

能源问题之所以棘手，是因为它极为复杂。技术、经济、政治、伦理和战略等因素相互交织并且相互对立。短期与长期相悖，地方与全球相悖，极小与极大相悖。能源单位之间的换算更是让本来就不容乐观的情况雪上加霜：1千瓦与1千瓦时的关系，1万亿立方英尺天然气等同的英国热量单位数就已经够门外汉们伤脑筋了，当然其他人也一样。

这本书的第一个优点就在于让-玛丽·舍瓦里埃始终把读者放在第一位，利用简单直白的文字去引导读者探索能源领域的主要特征和主要挑战。首先，作者回顾过去两百年的能源历史。他解释说，不是过去决定未来，因为不确定性太多，我们应该关注现在以及当下的行为。在第一章，我们将看到过去的世界霸主"日不落"帝国如何从煤炭时代快速切入天然气时代；我们将知道一味指责欧佩克成员国结成卡特尔是不公正的，因为当年的"石油七姐妹"就是通过阿科纳卡里协定瓜分了世界石油市场；我们也将看到核能的双面性，逐渐兴起的可持续发展概念，为能大范围实践瓦尔拉斯、李嘉图的完全竞争市场理论而欣喜不已的经济学家们；我们也将发现一些令人头疼的事实，例如，决定网状电路电流流向的基尔霍夫定律，一名议员曾说这些定律就像所有的不适用定律一样，除了改变别无他法。

在让-玛丽·舍瓦里埃笔下，能源历史从来不是条静静流淌的大河，而是充斥着战争的世界：有些不仅仅是象征意义的，就像伊朗和伊拉克之间的战争（将有一个段落专门讲安然公司），完全取决于各国的力量对比和战略野心。在能源领域，所有特点都互相矛盾，就像作者取笑的那样：短期与长期、供应安全与降低成本、保护环境与经济效率、交织的关系网与多元的能源来源、卖方寡头组织与"备受质疑"的市场。能源的一大特性，即不确定性更是加重了这种对立性。

未来从来没有这么难预测过。日新月异的技术进步更是让预测未来难上加难：谁能在20年前就预测到2004年最环保的发动机将是柴油机？谁能预料到燃烧装置产生的二氧化碳能够被捕捉并储存在枯竭的油田或天然气田等地下场所？又有谁现在能信誓旦旦地说未来氢能源或核聚变能一定会成为主流能源？

然而，这种不确定性不仅限于技术。地质上的不确定性也激起了人们对于石油、天然气全球储量或乐观或悲观的猜测。涉及气候的不稳定性，由于当前受气候和天气变化波及的地区范围很广，定期举行的国际会议层出不穷，但是温室效应仍旧没有得到足够的重视。尤其是政治局势的不稳定性，像巨大的阴影笼罩在整个能源行业头顶。独占全球1/3石油储量的沙特阿拉伯未来将如何？俄罗斯将如何能源转型？

说到最后的不确定性，也就是政治局势的不稳定性，我们将其归结于国家的角色。本书的优点不仅仅是清晰准确地揭露了最激动人心的辩论之一：国家和市场之间永久的矛盾，在完全放纵市场和国家强制干预之间不停摇摆。本书将会详尽地介绍从加利福尼亚燃烧到以英国为首的欧洲的电力市场自由化历史。在那个地理垄断组织横行的年代，深刻的市场机制改革接踵而来。这些被发起人奉为完美无缺的革命完全颠覆了电力环境，引入了必要的竞争，但是也引起了之后一系列恐怖的供应危机，先是加利福尼亚，后是美国东北部和好几个欧洲国家。天平会不会突然偏向垄断系统？有些人想要重获垄断地位，但这将是另一个灾难。或是我们可以这样让天平达到平衡，一方面承认市场的角色，来充分发展竞争、降低成本和改善服务，另一方面也要承认市场是不完美的（我们一直思考价格信号到达消费者究竟距离能源事件落后多少），要接受由国家决定市场开展的重大选择，比如说能源供应的安全度、能源结构（核能、可再生能源的比例）或者弱势群体的电力供应。

现在经济合作与发展组织（下称"经合"）成员国也认可这种平衡状态并就此在国际能源署内部进行讨论。这些政府现在皆举着能源署的口号，即同时达到"3E"：能源供应安全（energy security of supply），经济效率（economic efficiency）和环境保护（environment protection），不要为达成一个目标而去牺牲其他目标。激烈地辩论仍在继续，我们应该感到高兴，但是辩论需要有理有据。让-玛丽·舍瓦里埃既让那些想理解当下社会热点的人梦想成真，又使那些没有理想主义偏见也不持有争议论点的人能够推进这场辩论。因此，这本书的面世恰逢其时。

克劳德·曼迪尔（Claude Mandil）

国际能源署前执行部长

前言

这本书于2004年写成、出版，这一年能源局势就变得激流暗涌、愈发不可捉摸。在此我对给我机会的伽利玛出版社表示真诚的感谢，不仅是因为它出版了这本书，更是因为它把本书的写作历程结合当下现实的能源—气候问题公布在了网上。

六大事件颠覆了2004年后的国际能源大环境：

2008年第三次石油危机。在1999年到2003年，欧佩克成员国成功把原油价格稳定在每桶22—28美元。但自2004年起，随着新兴国家的经济高速发展，其对石油的需求飞涨。欧佩克成员国不再有能力控制供给，原油价格一路飙升，在2008年7月达到历史最高值——每桶147美元。自此之后，由于其他原因，经济危机爆发了。石油价格先暴跌之后又上升。今日，欧佩克国家似乎还有能力把价格维持在每桶90美元以上。

"阿拉伯之春"运动自2010年12月开始，呈燎原之势席卷了整个阿拉伯世界。一些石油输出国为了稳定内部的政治局势，急需出售燃料来填补空虚的国库，从而开始对油价施压。

美国意外发现了页岩气并大力开发该新型能源改变了国

内的能源局势和经济形势。这个自2008年起就被认为是液化天然气进口大国的国家将有可能翻身成为天然气净出口国。当然世界上其他地区也可效仿美国勘探、开发页岩气。

两次能源危机：2010年墨西哥湾"深水地平线"的外海钻油平台爆炸导致的漏油事故和2011年日本福岛核电站泄漏事故，都尖锐地指出了各项能源潜藏的风险及各国事前、事后风险管理的漏洞。

2011年火速出台的一系列重要的能源政策：福岛核事故后德国立即关闭7座核电站，法国全面禁止页岩气的开发。但是这些决定更多是感性的而非理性的。事实上，关闭一座符合安全标准、正常运行的核电站等同于价值的毁灭。同样，未对页岩气的现存储量、开发条件、对就业的影响、竞争力和贸易收支平衡开展研究就把它束之高阁也不是明智之举。

全球气候变暖的趋势加强。国际科学家团体在2010年就呼吁各国采取必要措施来遏制全球温度的增长。同时国际能源署也每年发出警告，但是最后都收效甚微。似乎人类要向前发展就必然会导致气温的大幅度上升，并给地球带来灾难性的后果。

这些事件更加印证了本书中一些关键的政治、能源战略建议的可行性：能源效率、能源选择多样化、科技多样化、选择灵活性。应该提高能源消费税来推动能源转型。

  以上涉及的事件在本书中并不做详细的分析。本书中列出的数据以及书后的补充书目将帮助读者更好地理解当下能源—气候的现状。

让 - 玛丽·舍瓦里埃

2012 年 8 月

引子
战场

自工业革命以来，煤炭、石油、天然气等化石能源逐渐成为了世界经济正常运行不可或缺的燃料。为满足日益增长的工业产品需求、发展公共运输，化石能源的消耗量翻倍上涨。1900年，全球能源消耗总量大约为5亿吨石油，当时世界人口为16亿。一个世纪过后，该数字上升了10倍，而人口仅增长了5.6倍。

20世纪见证了各式各样发动机的诞生：内燃机、电动机、涡轮机、涡轮喷气发动机，其中小型的电动机被广泛地应用于家庭、工厂、办公和交通中。继蒸汽机之后，它是人类追求高功率的重大发明之一。在20世纪的后30多年，电力成为了人类日常生活与工作不可缺少的能源。

就这样，获取能源成为了各国保证经济正常运行的战略核心，各国国内政策、国际关系、发动战争的重要因素。建造汽车、飞机、船只、铁路，所需的电力无不需要消耗大量能源。能源行业相关机构为了控制全球资源、相关技术和装备而大打出手。在能源战中，国家——能源生产国、出口国或进口国，能直接或间接干预能源行业的国有企业和私营企业为争夺利益僵持不下。这些战争通常涉及巨大的经济、政治和财政利益。我们将看到，仅能源行业巨头的石油收入就能达到法国一年的国内生产总值。

世界经济正常运转离不开能源

在21世纪初，全球能源年消耗总量大约等同于120亿吨石油燃烧释放的能量，全球人口为70亿，人均年耗能量大约为1.6石油当量吨数。但事实上，这个平均数隐藏了极大的差距与不平等。美国仅拥有全球5%的人口，其耗能却占了世界总量的1/4，人均年耗能量竟高至8石油当量吨数。欧洲的人均年收入为美国的75%，每年却仅消费3.5石油当量吨数，即为美国的人均耗能量的44%。至于世界上最贫穷的地区，其人均年耗能量仅为几百千克。还有近20亿人没有用上现代能源，也就是电和石油产品（丁烷气、燃油灯）。这些人只能靠柴火维生，但大量伐木砍柴却加速了一些地区的沙漠化。能源使用的不平等主要源于能源的地理分布不均。能源消费和经济发展之间具有紧密且复杂的联系。

全球能源局势紧紧围绕着三大化石能源。因为我们所消费的初级能源中，石油占了34%，煤炭占了30%，天然气占了 24%。剩下的 12% 就是水能、核能和一些可再生能源，比如风能、太阳能和生物质能。我们将会惊奇地发现人类消耗的 90% 的能源都是不可再生能源。当我们生产一吨的原油、煤炭或天然气，大自然储存的化石能源就减少一吨。长此以往，这些矿田终将枯竭，即使这些矿田的实际储量可能远比我们已探明的要多得多。我们也会非常吃惊地看到尽管 20 世纪 70 年代爆发了两次石油危机，但可再生能源的比例并没有明显地提高。相比于化石能源，它的价格还是偏高。同时它也不像石油和天然气一样对一国的政治、经济、财政有巨大的影响。这些简单的数字已经显示出了世界能源体系的刚性特征。该体系的结构很大程度上归结于历史因素，尤其是伴随着交通业的快速发展，石油需求飞涨。如今，近一半的石油被用于海陆空交通。在短期内我们暂时不会改变这样的结构，但是我们会根据市场供求的情况来采取相应的措施。

在这些数据背后是无数相关机构和人员，他们兢兢业业地坚守在自己岗位上，维护能源贸易的正常进行：石油、煤炭和天然气的生产，煤气管道和油管运输、船运、车运，储存、分发，各种性质的金融交易和纳税。38% 的海运都涉及石油和煤炭。世界初级能源供应结构表现出巨大的地域差异，与当地的自然资源丰富程度和能源政策息息相关。一些国家基本上能实现自给自足，也有一些国家全依赖进口。即使是在欧元区，这种差距也是存在的，甚至可以说很大。比如说，在法国，核能占据了非常高的比例，剩下使用比较广泛的就是石油、天然气和水力。荷兰由于在Groningue市发现了巨大的天然气田而更加倾向于使用天然气。至于希腊和葡萄牙，这两个国家都只能依靠进口石油和天然气。因此，每个国家的资源丰裕程度不同，采取的能源政策也就不同，限制条件和操作余地或多或少都不一样。

21世纪能源局势将如何发展？

每年几个活跃的能源机构都会就国际能源局势短期或长期的演变进行预测。这些预测活动往往需要建立复杂的经济模型。仔细分析这些预测研究之后，多米尼克·费诺（Dominique Finon）总结出两种不同的类型：一种是旨在梳理能源行业，探索可行的方案并挖掘潜在的矛盾；另外一种是评估各项能源政策的长期效应，特别是减排政策。[1] 其中一些研究与模拟温室气体排放的模型相辅相成。比如说，欧盟委员会的极长期能源环境和材料模型（VLEEM）就是着眼于2100年实现减排的愿景反过来探索相关的科技和行为的。

---

[1] Dominique Fillon. Prospective énergétique et modélisation. Identification de pistes de progression méthodlogique, Institut français de l'éneigie, 2003. Une vision simplifiée de ce rapport est parue dans Revue de l'énergie, n° 553, janvier 2004.

其他方案，如新能源选项（Noé）也慢慢地被建立起来，其建立低碳经济的愿望更加强烈。[1]但是眺望未来，能源行业仍旧深受资金的掣肘。

尽管现在使用的工具越来越成熟，纯粹的能源预测还是触不可及的。过去我们曾错误地估计了能源价格的变动、资源总量、期待的需求量和预估的成本。在这样的形势下，情景分析法成为了主要的分析工具。

情景分析法是壳牌（Shell）在第一次石油危机后引入能源行业的。这场危机突如其来，谁也没有预料到。壳牌在当时做了几个斥资巨大的战略决策，比如说，与海湾石油（Gulf Oil）联手打入核能市场，建造巨型油轮，然而墨西哥湾漏油事件让所有的努力功亏一篑。于是现在许多企业和国际组织都会先构建情景。所谓情景构建，就是组织一场头脑风暴，让专家们共同思考并描述10年、20年、30年或50年后能源行业可能出现的场景。这不是预测，而仅仅是勾勒可能出现的画面，最多两到三幅，如果有可能的话，两种截然不同的画面会摆在我们面前。其中一幅往往是从过去经验中推演而

---

[1] Benjamin Dessus. Energie, un défi planétaire, Belin, 1999. José Goldenberg, Thomas B. Johansson, Amulya K.N. Reddy, et al. Energy for a sustainable world. World Resources Institute, 1987. Trad.fr. Energie pour un monde vivable. International Conseil Energie, 1990.

来，其他的则可能是一些突发事件的影射（政治冲突、社会动荡、科技停滞不前）。每个画面都代表着一种可能性，但是，从原则上来说，可能并不等于必然。

情景构建的过程往往充满着思想火花的碰撞，因为是大家一同思考未来可能的发展趋势。不汲汲于寻求虚无缥缈的确定性，这种研究方式旨在揭露一家企业、一个民族可能会面临的不确定性和风险，可能会错过的机遇以及相互交织、影响未来的一切因素。因此无数机构组织都开始着手构建情景：不仅有大型企业，还有国家能源署、世界能源理事会和各级行政部门。通过构建情景和探索未来的可能性，一家公司能加强其风险适应能力，准确地说就是，一旦出现坏情况它能迅速地作出反应，相反，一旦出现机遇它也能及时把握住。

情景构建法遵循方法论的一般原则，各个环节衔接得非常紧密，旨在识别一切相关因素：先定因素、主要推力、不确定性[1]。

先定因素。首先要确定哪些是先定因素，也就是数据。现行体系的结构和惰性，人口增长率，已探明化石能源储量，

---

[1] Sur la méthode de construction des scénorios, voir D. Yergin, T. Gustafson, Russia 2010, Vintage Book, 1995, et aussi CERA, Scénario Approach, 2003.

即使这些数据之后可能因为经济、科技因素而发生改变，但它们都属于这一类。同时，我们也引入一些外生变量作为假设，比如说，经济形势。

主要推力。其次，我们转向主要推力和主要参与者。自从"柏林墙"倒塌，"新空间"向外开放，世界一体化势头变得愈发强烈。经济全球化和市场自由化就像一只无形的手推动着市场机制的发展，增添着跨国公司的话语权。而与此同时，人们对环境问题日益重视，完全依赖于市场调节显然是不可取的，因此市场机制的发展仍旧受约束。我们在分析主要的参与者时也发现了同样的冲突：一方面，逐利的私企抬高了供需；另一方面不同层级的公共机构出于可持续发展的考虑和防患于未然的原则，支持或打压这种上升的势头。

不确定性。最后我们尝试着找出所有的不确定性因素，也就是那些会加快、限制，甚至阻断原定轨迹的因素。但是要注意到构建情景的步骤是非常辩证的，因为这个过程可能需要动员目标相悖的参与者，而且整个环境包含着一定数量的实力对比和不确定性因素。

因此，每年我们都会得到大量的情景图，其中不乏截然相反的未来景象。我们选了其中最有代表性的三种，呈现在图0-1中。

通过分析这些图表，我们发现21世纪初的能源景象远不

能源大战

是那么容易预见，历史上从没有一个时期像如今这样充满着不确定性和开放性。谁也不能拍着胸脯保证2050年可再生能源抑或是核能必将给社会带来巨大的福音。不拘泥于个中的对比和反差，我们先大胆地表露我们能够想到的2030年，比

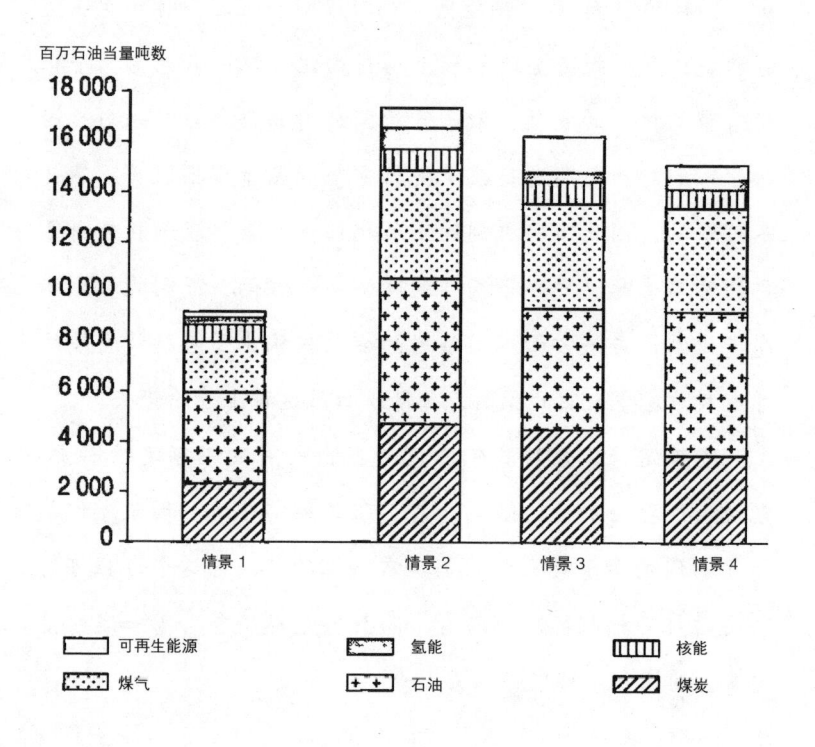

数据来源：
世界能源理事会（CME）
国际能源署（AIE）
世界能源、科技、气候政策展望（WETO）

图 0-1　2030 年可能出现的几种情况

如：其向坏的总趋势以及巨大的不确定性（框文0-1）。

框文0-1　总趋势与不确定性

总趋势

●能源体系的惰性和刚性（结构和行为）

●交通系统的惰性

●全球化程度加深：介于纯粹的自由化和新型的监管模式之间

●非经合组织成员国能源消费总量飞涨

●石油、煤气和煤炭主流地位进一步加强

●肆无忌惮地使用化石能源

●可再生能源缓慢而受限的发展

●单位GDP能耗降低

不确定性

●气候变化导致的结果及其对能源政策的影响

●核能的变化

●科技的变化

●新的制衡力量

●石油、天然气供应的地缘政治变化：持续的动荡、冲突、恐怖主义

●不可预测的事件（风险）：严重的事故、疾病、气候事件、战争

●必需的投资会怎么样？

刚性的能源体系

在上文我们曾提到过，世界能源体系具有一定的刚性特征，这种刚性不仅体现在结构上，也体现在行为上。我们无法一夜之间就颠覆世界上几大能源的使用比例，同样我们也无法一下子改变消费者的消费行为和习惯，以及他们对汽油、电力和一些固定设备（暖气、锅炉、发动机）的依赖。预计到2030年，世界能源需求涨幅将达到1.7%。所有的政治决策，无论是世界级的（例如，京都气候变化大会）还是国家级的（新能源政策），都折损在能源体系的刚性上，只能稍稍缓解这严峻的形势，治标不治本。但是地方的政治决策却非常有可能快速剔除这些刚性特征。

世界能源体系及其地方分支的变革都是在全球化和自由化的大环境下的。不断有新市场向国际投资者张开臂膀，无数国家的国有能源企业都在寻求投资伙伴。除此之外，电力和天然气工业的自由化深刻地改变了这些行业的传统组织模式。新市场的出现及其运作有时会引发新的忧虑，比如短期、中期、长期的供应安全。自由化进程似乎是众望所归，但是始终不能听之任之，需要设计出新的监管形式。

世界能源需求变动首先取决于经济增长的速度。由于经济增长速率是未知的，因此我们需要做一个假设。然而做假设亦是难事一桩，一地区、一国乃至世界的宏观经济并不是一成不变的：既有可能保持经济长期稳定增长，也不排除世界经济全面萧条。但是绝大多数官方机构都会乐意相信未来经济向好发展。无论最后假设的经济发展率怎样，唯一确信的是：发展中国家能源需求量的增长远远高于经合组织成员国。他们拥有世界上76%的人口，代表世界总耗能的30%，到了2030年，这个比例能够达到50%。但是这种需求结构究竟是历史必然还是重走发达国家发展之路就无从而知了。事实上，经济体系的单位GDP能耗自第一次石油危机后就开始下降。[①] 这是很多因素导致的：技术进步、害怕供应短缺或中断、为保护环境而提高能效。最后我们也可以认为放开能源市场就是鼓励竞争，从原则上来讲，也将加快技术的进步。

从供应的角度上看，不管实际的国际需求量如何，三种化石能源的强势地位（石油、煤气和煤炭占比90%）将至少保持好几十年。这也是所有情景都呈现的趋势。目前的化石能源足够用到22世纪，甚至23世纪，这种说法也是绝大多数专家都同意的。我们现在重新回到碳氢能源的话题。在这几种主流能源中，天然气大概是增长幅度最大的，因为美国发现了页岩气。

---

① Jean-Marie Martin. L'intensité énergétique de l'activité économique dans les pays industrialisés : les évolutions de très longue période livrent-elles des enseignements utiles ? Economies et sociétés, série Energie, n°4, 1988.

而其他能源，相比之下发展十分缓慢。水力资源开发潜力很高，但是水电站大多位于人烟稀少的地方，远距离输送电力非常昂贵。目前大规模发展核能也是非常慢的。至于风能、太阳能、生物质能、地热能，它们的开发潜力高，但是政治家们始终无法下定决心去发展这些能源，因为前期投资实在太大。简而言之，相比于化石能源，它们自身都有一个致命的缺陷，即经济成本高。它们的优势在于外部成本低，也就是对外界造成的损害少。而化石能源的外部成本很高（污染、事故、堵塞），但是由于它的经济成本极低，能产生高额的利润，所以不费吹灰之力就吸引了充裕的发展资金。为了可持续发展，我们将需要引进一些纠正措施来改变不可再生资源和可再生资源之间的这种巨大的不平等性。至于纠正措施实行的范围以及期限就取决于具有不确定性的领域了。

不确定性增加

不确定性增加也是当代经济和能源体系一大特征。企业战略和国家政策方针中都伴随着风险，有时是多风险并存。

中长期能源局势变化最大的不确定性就在于环境。气候变化现已是众所周知，温室气体则是罪魁祸首。[1] 能源贸易

---

[1] Roger Guesnerie. Kyoto et l'économie de l'effet de serre, rapport au Conseil d'analyse économique, 2003.

的发展史告诉我们，自19世纪中叶起，大气就开始碳化，而且碳化速度与工业、交通的发展成正相关。当今科学界一致同意气候变化这个事实，只是无人能够准确地给出气候变化将产生的影响、到了什么程度需要人类紧急干预，以及具体的行动方案。也有专家指出为避免问题扩大以至于覆水难收、祸害下一代人，需坚持可持续发展的原则。这种保护环境的意识被越来越多的人所接受，也有国家出台相应的政策来弥补单纯的市场机制的缺陷，比如说，提高可再生能源的比例。人们逐渐开始重视环境问题，这一现象是值得载入史册的。但问题是我们很难预测这种环保意识普及的速率。因为环保意识的普及取决于很多性质不同的因素：饱受争议的科学论据，技术或环保热情，充斥着选票主义、民族主义、世界主义、反世界主义或地区主义的政治演讲，对未来直观的认知，同时还夹杂着相关的忧虑和希望。这张单子很长很长，不在此一一赘述。但是以上列举的几个因素已经可以反映出在信息爆炸的时代所形成的社会认知的复杂性。在19世纪下半叶，能源体系的配置很大程度上依赖于这种环保意识的普及以及由其衍生的一系列地区、国家、世界性的环境保护主义政策。但问题在于我们是止步于《京都议定书》还是走得更远。环保意识的普及一方面会影响能源消费水平，引起需求政策的变化；另一方面也会影响供应结构。

此外，不确定性还包括技术进步和创新。在一些长期的情景里，难免会出现一些"意外"改变了供求情况。21世纪就是一个充满了"惊喜"和"惊吓"的世纪。因此我们需要格外留心周遭发生的事件并对科技发展、行为变化、挑战与机遇、经济成本与社会成本保持清醒的认识。在21世纪初，主要可见的科技问题涉及：①新一代核裂变反应堆的发展；②氢电池的发展；③核聚变发展（半个世纪以来，核聚变一直被视为未来最高效的能源）；④交通和电力领域超导性的应用。以上所有问题仍处于技术实验阶段，有待进一步研究，无法在2030年前就做出很重要的贡献。

同时，我们也应该聚焦地缘政治上的不稳定性。世界上主要的产油产气地区——中东、俄罗斯、马格里布、西非等，政局都不是非常稳定。

最后，我们谈谈气候变化、工业事故、新型疾病的扩散带来的巨大风险。大多数事件，比如飓风、地震、洪水对能源体系来说不过是小打小闹，一时的事故而已。但是一起核事故却极有可能抹去这项能源过去的所有荣光。

其他事件不仅仅属于不确定事件，更是始料未及的事件、难以想象的事件、不可思议的事件。"9·11"事件、1999年的暴风雨、2003年的酷暑及其灾难性的后果都充分印证了"撒切尔定律"——意想不到的事总会发生（The unexpected happens），也警示我们要未雨绸缪，充分做好防范工作。

因此，情景再现能揭露历史遗留的沉重包袱，以及矛盾、实力对比、对立。由于能源体系具有一定的刚性，其演变进程从时间上来说是非常缓慢的。但是地方特定的能源（核能、石油）生产、消费方式的转变却有可能加速完成。

市场局势与国力博弈

直至19世纪末，现代意义上的能源工业还是依托于地方的煤炭资源，受地域的限制。进入20世纪，随着石油、天然气的蓬勃发展，能源工业才开始和世界接轨，逐步国际化。煤炭、石油、天然气在世界范围内流动；一部分电力也开始跨境运输；能源生产、运输和分配技术也开始在全世界共享。能源行业最具影响力的参与者无疑是跨境公司，但是考虑到它所代表的战略价值，一国政府始终不放松对该行业的监督。国际能源工业所面临的挑战不仅仅是经济、金融、政治上的，还是环境上的。当然还涉及科技上的挑战，但这属于另外一个问题，我们暂且不谈。

经济、金融方面的挑战与能源生产、运输和分配中的利润有直接关系。石油、天然气和煤炭，这些主流初级能源的开发都非常类似。但是它们的生产成本却由于位置、深度、结构、每个矿床的质量和性质的不同而千差万别。同样，在电力市场上，发电站的运行成本也是有高有低。所有的利润，其中包括矿床利润，据李嘉图分析都是建立在不同的成本上的，因此是差别利润。一旦生产成本低廉的能源生产无法满足全球能源需求，一部分差别利润就落入了企业或国家囊中。至于石油产品、天然气和电力的运输、分配，价值链的一些环节呈现出寡头垄断的特征，因而形成了垄断利润。我们将用以下数据来证明这点。

一桶原油的价格差异在高产地区（中东）不过几美元，而在低产地区或最早产油的地区（大北方或西伯利亚东部的海面石油钻探，得克萨斯州边境的油田）却高至40到50美元不等。尽管各个地方的产油成本不一，这些不同来源的石油构成了世界唯一的石油市场。每桶石油的市场定价大概在100美元，这个价格不仅包括了所有的矿床利润，还包括受欧佩克国家对价格决定影响而衍生的垄断利润。

水煤气，主要用于供暖和产电，也形成了国际市场。在澳大利亚的露天煤矿，每吨煤炭的生产成本（包括运输费用）基本稳定在20美元左右，而在欧洲这个数字上升到120到140美元。

天然气的情况有些特殊，因为它目前尚未形成一个国际市场，只有一些独立的地区市场。我们拿欧盟15国举个例子。这块地区主要依赖于天然气，这些天然气来源不同，每百万英国热量单位（BTU）需征收 1 到 3.5 美元的欧盟跨境费。①在欧盟境内，天然气通过管道运输，从而形成了自然垄断。

对于电力，如果我们考虑其最廉价来源的边际成本和最昂贵来源的总成本的价差，我们就可以围绕利润进行一次精细的分析。比如说在法国，核电站生产一千瓦时的边际成本大约是几欧分，风力发电的买入价为 80 欧分，而法国国内的市场价则在 50 欧分左右。

人类生产和消费能源会带来额外的利润，因此能源的开发产生的利润是非常可观的。我们通过计算石油利润发现了惊人的结果：每年全球原油精炼产品的销售额（含税）竟达两万亿美元。从该项收入我们对原油勘探、生产、运输、精炼、转化为成品和最终到达消费者手里的总费用进行估算，所有成本相加大约为五千亿美元。最后收入减去成本共计一万五千亿美元，相当于世界第五大经济体——法国一年的

---

① 通常天然气以立方米计量，但由于不同产地天然气所含热量不同，因此我们更倾向使用英国热量单位来计量天然气。成本数据来源于地中海能源观察局（OME）的研究报告（Assessment of internal and external gas supply options for the UE. Evolution of the supply cost of new natural gas supply projects, 2003）。

国内生产总值（GDP）。① 这笔巨额利润构成了石油贸易盈余，也是政府和私企竞相争夺的对象。

石油贸易盈余包括了油床开采商获得的所有矿床利润、质量利润和位置利润。这些收入一般来说都是归生产国和油田所有者所有。此外还包括欧佩克——这个把原油价格始终维持在高于成本价水平组织的垄断利润。最后，所有碳氢燃料的消费税也体现在盈余里。我们之后会重提这些衡量"石油钱"的数字。

由于价值链上不同部分（生产、运输）之间的竞争极为激烈，石油贸易盈余通常是呈一种扩散的状态。运输费用平均上都会大大高于生产成本，因此会消耗掉一部分矿床利润。电力和天然气贸易盈余也非常难计算，因为电力贸易和天然气贸易更多是在一国内部或地区内部进行。但是它们盈余的构成是一样的，即矿床利润、质量利润、位置利润、垄断利润，以及被经济学家戏称为"机构盈余"②的税和超额费用。

三大集团并立抢夺石油钱：生产国（通常是土地所有

---

① 该计算是基于一些可获得的关于价格和税的数据以及受国际能源工业专家重视的"中等"成本，包括一些演绎归纳。该计算过程还可以进一步细化，但我们认为以上数据已经能反映出金额数量之高。

② 对于机构盈余，请参阅 Jean-Marie Chevalier, Economie industrielle des stratégies d'entreprises. Domat-Montchrétien, deuxième edition, 2000.

者）、能源企业和垂涎财政收入的消费国。能源大战首先涉及利润的创造、获得、保护和分摊，经济和金融问题。后者又直接联系到政治问题，因为全球能源资源主要聚集在中东、俄罗斯、欧佩克成员国和几内亚湾。能源是体现经济和军事力量的重要组成部分，所以各国各民族都不惜一切代价保证能源供应安全和帮助民族企业在全球范围内获取能源。各国政府也可以扶持国内能源的发展，比如煤炭、核能或可再生能源。至于出口国，他们在开发国内资源的同时，应尊重国家的利益以及统治者的个人利益。

在整个20世纪，这些大运作主要属于国家的对外能源政策。第一次石油危机不仅巩固了国家政策的唯意志论（比如说，法国的核项目），也反映出能源问题的全球性。高举维护集体利益的大旗，新的多国家机构开始涌现：欧佩克组织（1960年成立）、国际能源署（协调经合组织成员国的能源政策并促使它们在集体行动上进行合作）。国际能源署定期会检查成员国的能源政策并给出建议。

国家依然是解决诸如能源供应安全、公共服务、价格水平、能源研究、设施安全、税收、国家财库收入来源的权力中心。无数国家还有自己的能源政策。然而，国际政策变化的其他组成成分也会或多或少干预国家的意志，减少国家的自由空间：

1992年的里约政府间会议引发了与会国对气候变化及其预期影响、能源行业社会责任的深思。这次会议直接促成了1997年的《京都议定书》，签约国承诺减少温室气体排放。但是京都之后再难有类似的谈判成果，因为发展中国家认为发达国家应对气候变化负主要责任，但是发达国家不愿意站出来承担责任，尤其是在当下经济不景气的情况下。自京都气候大会之后，能源消费、经济增长带来的环境问题成为了众人关注的焦点。人类开始扪心自问：现行的能源消费结构是否符合可持续发展的要求？但是三大化石能源产生的巨额收入却始终阻碍着人们痛下决心，毕竟可再生能源不能带来经济收益，反而需要大量的资金投入。

在欧洲，建立统一的能源市场需要逐步引入统一的法律、制度、组织规定，从而限制了欧盟国家的选择自由。这些限制催生了新的权力中心：一方面是维持良好竞争环境的权力机构，另一方面是监督自然垄断行业良性运转的监管机构。

至于地方行政机构，如市镇、大区或州（美国），高喊打造新能源环境口号的创新方案也令人眼花缭乱，尽管这些方案的出发点并不一定完全符合国家的能源政策。

非政府组织扮演的角色日益突出，甚至能够影响能源政策，是不容小视的对抗力量，或曰补偿力量。

不同参与者之间的关系也愈发错综复杂，始终游走在战争与和平之间，合作与不合作之间。私人企业往往受利益驱使，向母国政府施压，要求政府帮助它们协商谈判和寻找新市场。它们内部之间也时而和平共处时而举刀相向，经常抱团分担逐利的系统性风险。政府也一样，在或长期或短期的外交矛盾、磋商、合作和联盟中切换模式。

能源战场上因此不但有私企和国企来推动市场的运转，还有许许多多的地方、国家、欧盟和国际公共机构来制定规则保护公民短、中、长期的利益。这种对立的立场就衍生出好多重大的问题，这些问题也因此构成了本书的基础。对于那些关心能源问题的读者，本书大约可以称之为他们的精神伙伴了。

（1）可持续发展：人类应该怎么做才能使能源消费增长及其带来的负面影响（温室气体的排放、各式各样的污染、事故）不损害可持续发展？

（2）满足人类的基本需求：如何花最低的经济成本和社会成本满足我们的基础需要？

（3）能源供应安全：我们应该采取什么措施使经济发展有稳定的能源供应流？

（4）竞争力：我们该如何在保证最廉价能源的供应安全的同时遵循可持续发展之路？

（5）公共服务：公共服务机构，尤其是电力部门，需要承担的义务是什么？

（6）经济发展：能源是如何成为最贫穷国家经济发展的关键的？

这六大问题就是 21 世纪主要的能源问题。在这些问题背后，隐藏着市场机制和运行规则所强加的一些限制。所有的难处都指向如何在全球范围内寻找平衡中长期市场和公共利益的力量。

能源行业的主要参与者

自第一次世界大战，也就是石油第一次成为世界一大主题的时候，能源行业就被视为战略重点，受到国家高度重视。大多数欧盟国家甚至对这个行业严加监管。许多发展中国家出于促进电力合理生产、监控自然资源开发过程的考虑，也纷纷效仿欧盟国家采取了类似的决定。他们的选择在一定的历史、经济发展阶段是完全合理的，但是今天，大多数国家迫于国内宏观金融的约束，想方设法地退出经济活动，把市场交给私营企业。自 20 世纪 80 年代中期起，能源行业私有化的势头就开始盛行。欧洲就是其中的典型。之后由于国有企业没有经济实力投资电力生产或石油开采，在发展中国家也掀起了一场私有化的热潮。当然国家除了能源之外还有其他的财政重点，国际机构也不愿意接手私人资本投资，甘愿冒着中间人的风险去调动其他可用资金。唯一解决的方法求助于国际投资者，给他们一个公正、低税率的投资环境。如此，全球能源工业私有化的进程才能真正加快。石油、天然气、电力行业的新机遇才能向国际资本敞开。显而易见，最好的情况是国家层面乃至国际层面都有一个崭新的、清晰的、准确的制度框架去保护公共利益不被私欲所侵蚀。

世界能源行业不仅掌握在私企、国企手里，还被攥在地区企业、国家企业、跨国企业手里。全球化加速、加强了能源企业与国际的接轨。能源企业通过兼并、收购、参股等渠道逐步成为行业的巨头。全球能源公司前22名在下表（表0-1）列出。

表0-1　全球能源公司前22名（2011年）

企业	主要经营活动	国家	2011年营业额/十亿美元	总员工人数
荷兰皇家壳牌集团（ROYAL-DUTCH/SHELL）	天然气、石油、电力	荷兰/英国	484	90000
埃克森美孚公司（EXXON-MOBIL）	天然气、石油	美国	453	99100
英国石油公司（BP）	天然气、石油、电力	英国	386	83400

续表

企业	主要经营活动	国家	2011年营业额/十亿美元	总员工人数
雪佛龙（CHEVRON）	天然气、石油、电力	美国	246	61189
美国康菲国际石油有限公司（CONOCOPHILLIPS）	天然气、石油	美国	237	29800
道达尔（TOTAL）	天然气、石油、电力	法国	232	96104
俄罗斯天然气工业开放式股份公司（GAZPROM）	天然气、石油	俄罗斯	158	40100
德国意昂集团（E.ON）	天然气、电力	德国	157	78889
意大利埃尼集团（ENI）	天然气、石油、电力	意大利	154	78686
巴西国家石油公司（PETROBRAS）	石油	巴西	146	81918
法国燃气苏伊士集团（GDF SUEZ）	天然气、电力	法国	126	240303
墨西哥国家石油公司（PEMEX）	天然气、石油	墨西哥	125	150884
美国瓦莱罗能源公司（VALERO ENERGY）	石油	美国	125	21942
委内瑞拉国家石油公司（PDVSA）	石油	委内瑞拉	125	91949
挪威国家石油公司（STATOIL）	天然气、石油	挪威	120	31715
日本JX控股公司（JX HOLDINGS）	天然气、石油	日本	119	24236

续表

企业	主要经营活动	国家	2011年营业额/十亿美元	总员工人数
卢克石油公司（LUKOIL）	石油	俄罗斯	111	150000
意大利国家电力公司（ENEL）	电力	意大利	111	75360
韩国SK集团（SK HOLDINGS）	天然气、石油、电力	韩国	100	43860
马来西亚国营石油公司（PETRONAS）	天然气、石油、电力	马来西亚	97	58287
法国电力公司（EDF）	天然气、电力	法国	91	156168
印度石油公司（INDIAN OIL）	天然气、石油	印度	86	36198

数据来源：美国《财富杂志》，2012年

1. 石油工业

几个超大型的国际石油公司在能源行业中占据着非常核心的地位，尽管它们仅代表16%的全球产出（图0-2）。在这些全球知名的能源公司里，又有四家凭借着优异的业绩、强大的经济实力和高度的国际化脱颖而出。埃克森美孚公司，不算其持有的其他公司的股份，在24个国家生产，26个国家精炼，在世界上大部分地区分销。国际石油行业在1990年到2000年间由于大规模的兼并－收购行为而被高度集中化。这次企业把目光纷纷转向科研、碳氢燃料的生产和加工（石油、天然气），以及其他需要投入大量资金的项目。为了形象地描述这种资本密集度，我们可以拿被 2003 年《财富杂志》分别评为世界企业亚军、季军的通用汽车公司和埃克森美孚公司做个比较。这两家企业都实现了近 1859 亿美元的营业额。第一家公司员工数 35 万，第二家 9.2 万。大部分能源公司都是垂直整合模式，也就是说参与价值链的每个环节，从矿床开采到最终消费者。为了增强企业对高风险环境的适应能力，现在企业管理层更倾向于开放式垂直整合的模式：他们生产原油也购买原油，他们自己负责运输也雇人运输；他们精炼石油也向他人购入精制产品，他们分销产品也找人分销。这也是对"自己生产还是购买？"这个问题的一个有趣的答复。事实上"自己生产还是购买？"这个问题就是 1991 年诺贝尔经济学奖得主罗纳德·哈里·科斯的灵感来源，他由此提出了交易成本这个概念。面对复杂、危险的环境，我们不能盲目自信，认为自己产品的价格优势能够永久凌驾于其他的同质产品之上。通过采用开放式垂直整合的模式，能源企业就能够随时比较自己的生产成本与从市场直接购买的价格。

基于眼下石油金融问题的广泛性，石油公司也开始频繁地和各国政府打交道：与各国政府协商开采条件，尤其是税收；向母国求助，希望政府出面帮助他们与第三国建立友好合作关系或与母国商讨石油收入的分配事宜（如果是国企）。可以说，各种形式的协商已经成为国际石油公司日常的战略工作之一了。

石油公司的首要目标就是石油，因为石油产生的收入大大高于天然气。但是，随着天然气在能源结构中的比例越来越高，石油工业也开始着手绘制更加野心勃勃的天然气战略蓝图，毕竟最坏的情况也不过是把天然气转化成电力。对于除碳氢化合物之外的业务，石油公司始终保持审慎的态度。因为第一次石油危机后，一些石油公司曾尝试扩展经营活动，结果给公司带来了灭顶之灾。

除了私营企业以外，在能源出口大国还存在一些国有石油企业。它们具备丰富的能源储备和高生产水平，比大型私企享有更多的权利。事实上，一开始各国创立这些公司是为了用来管理国内能源开采事务的，之后当中的一些公司开始走向世界，在境外勘探、生产能源。它们现在掌控全球逾三成的石油、天然气生产。

2. 天然气工业

天然气行业主要由三部分组成：生产、运输和分销。供应链上游也就是勘探—生产部分主要是由石油公司负责。大型国际石油公司约掌握着全球天然气生产的18%。能源出口大国的国有企业也扮演了重要的角色。比如说，俄罗斯天然气工业开放式股份公司就拥有全球逾三成的天然气储备，同时它也垄断了俄罗斯境内的运输行业和近乎垄断了本土天然

能源大战

天然气生产商

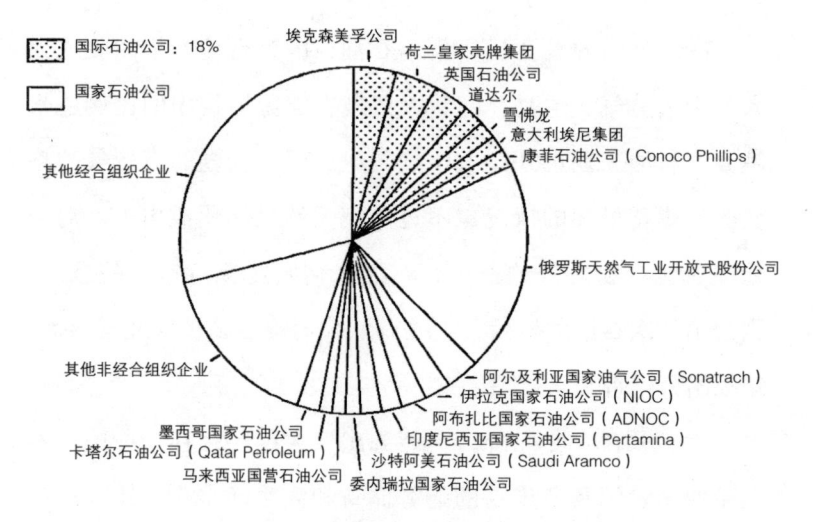

- 国际石油公司：18%
- 国家石油公司

其他经合组织企业
埃克森美孚公司
荷兰皇家壳牌集团
英国石油公司
道达尔
雪佛龙
意大利埃尼集团
康菲石油公司（Conoco Phillips）
俄罗斯天然气工业开放式股份公司
阿尔及利亚国家油气公司（Sonatrach）
伊拉克国家石油公司（NIOC）
阿布扎比国家石油公司（ADNOC）
印度尼西亚国家石油公司（Pertamina）
沙特阿美石油公司（Saudi Aramco）
委内瑞拉国家石油公司
马来西亚国营石油公司
卡塔尔石油公司（Qatar Petroleum）
墨西哥国家石油公司
其他非经合组织企业

石油生产商

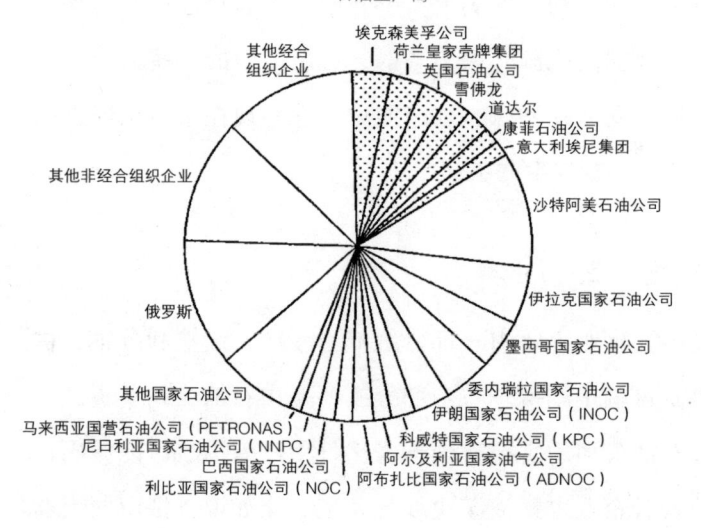

其他经合组织企业
埃克森美孚公司
荷兰皇家壳牌集团
英国石油公司
雪佛龙
道达尔
康菲石油公司
意大利埃尼集团
沙特阿美石油公司
伊拉克国家石油公司
墨西哥国家石油公司
委内瑞拉国家石油公司
伊朗国家石油公司（INOC）
科威特国家石油公司（KPC）
阿尔及利亚国家油气公司
阿布扎比国家石油公司（ADNOC）
利比亚国家石油公司（NOC）
巴西国家石油公司
尼日利亚国家石油公司（NNPC）
马来西亚国营石油公司（PETRONAS）
其他国家石油公司
俄罗斯
其他非经合组织企业

数据来源：道达尔

图 0-2　全球石油、天然气生产商

气的出口。再看阿尔及利亚国家油气公司，它几乎垄断了阿尔及利亚的天然气生产和出口。

供应链下游则是购买、运输、储存和分销天然气的天然气公司。当然也有一些专门做天然气运输生意或自己生产一部分再去销售的天然气公司。典型的例子就是法国燃气苏伊士集团。放开天然气市场也在许多国家，尤其是欧洲国家，掀起了一场能源组织结构的变革。长期以来被视为自然垄断行业的运输业也脱离了其他贸易活动，这让天然气公司开始重新审视起自己的位置。对于天然气公司和电力公司来说，气—电合一的问题始终悬而未决：电力公司应该卖煤气吗？煤气商应该卖电吗？这个战略问题应该结合市场的自由化和多服务企业的兴起来看。后者指同时向工厂和家庭提供水、电、气、通信和网络的多业务公司。

3. 电力工业

电力发展通常是在垂直整合的环境下，并受地方、地区、国家垄断的保护。过去电力公司兼任生产、运输、分配电力及查电表、寄账单等多项工作。而今电力市场的放开彻底颠覆了传统无风险、无风浪的环境。自1985年起，电力公司就陷入了层出不穷的新战略难题中。它们开始在同一片土地上斗智斗勇，重新划定地域范围和活动边线。它们永远只问自己两个问题：去哪儿？做什么？所以，像法国电力公司这样国家垂直整合垄断的公司在若干年后就开始跨国经营。类似的案例在近 15 个国家都出现过。

能源选择是尤其艰难的，其背后总有上文提到过的各式各样的不确定性因素。不同形式的变革也正在酝酿中，但它们一部分程度上也取决于国家政府的政策。比如说，英国政府和意大利政府都选择了松开过去紧握在手里的垄断权。正因为电力是人类的日常必需品之一，政府责无旁贷要保证电力供应的安全，所以在做抉择的时候也要充分考虑电力的地方价格和国民对变化的抵制等要素。

4. 煤炭工业

煤炭生产商从来没有像现在这样频频出现在能源战的战场上，亦没有像现在这样积极地实施主动进攻型战略。煤炭出了矿就直接堆在一边待价而沽，等着被火车和船只运走、通向最终消费者。世界煤炭市场开放性程度还算高，生产者之间的竞争机制也相对有效，尽管近几年集中化趋势越来越明显，极有可能形成寡头垄断市场。

面对多风险并存的环境如何进行未来投资

据国际能源署初步估计，为了支持新的能源政策，2011 年到 2035 年间共需在全球能源工业投入 37.9 万亿美元，其中电力17万亿美元，石油10万亿美元，天然气10万亿美元。①从地理位置而言，近一半的投资款项将去往发展中国家。而把猜想化为现实则需要一个稳定的经济环境、持续的增长和合理的风险管理。正如我们今日所见，国际能源领域充满了不确定性，多风险并存。而在这样危险重重的局势下做出决策，不再仅仅是石油生产商头疼的事情，也成为了电气公司的烫手山芋。各公司在做出投资决策之前，往往都会进行极为细致的风险分析。国际能源署把所有的风险分为4类：经济风险、国家风险、法律风险和不可抗力风险（框文0-2）。

所谓经济风险，首先是指方案在构建和实施过程中自带的风险，包括使用的技术、实现的业绩以及事件、事故。其次它也与预计的经济结果有关系，比如成本偏差、构建阶段延时或维修需要都会导致成本的上升。最后它还涉及市场风险，比如价格水平、市场以生产商可盈利的价格吸收商品的能力。

国家风险指对象国内部影响外来企业经济效益的因素。国家政体的改变可能会引起税收政策、社会环境、监管机制、所有权规定等多项变动。我们注意到在发达国家始终存在着

---

① Agence international de l'energie. World Energy Outlook, 2011.

监管风险，这让电气公司十分伤脑筋。另外一个国家风险的表现形式就是换汇风险。对于一个以外币形式借贷投资的人，他收入的是当地货币，但他需要把一部分地方货币兑换成国际通用货币来偿还贷款，这个时候他就需要考虑所在国家的换汇能力。

法律风险涉及遵守合同规定、诉讼渠道和诉讼调解。

不可抗力风险包括所有特殊的、不可预测的事件，如战争、袭击、地震和其他自然灾害。

为了避免损失，投资者往往会采用一些自我保护手段，其中最常见的就是合同。这样一来，技术风险可以一部分转移给设备供应商和建筑商；市场风险有时候可以通过长期购买合同来消除；一部分政治风险可以通过担保合同、出口信贷机构和世界银行下属组织的介入（MIGA，多边投资担保机构）来消除。

其次就是传统的保险合同。但是自1990年起，保险公司就开始因为纷至沓来的特殊事件和意外事件忙得晕头转向。"意外总会发生"。现代的防范风险措施就是先将风险进行细分，再评估风险，最后针对每个风险研究解决方案。我们发现无处不在的风险跟前文提到的重视协商非常相似。因为合理的风险控制就是通过良好的协商完成的。

框文0-2 能源投资者风险

风险类型		具体例子
经济风险	市场风险	- 价格和销量不够抵销总生产成本 - 材料价格突然上涨
	建设风险	- 价格偏差 - 建设时间延长
	运营风险	- 能源储备不足
		- 事件、事故
		- 业绩不佳
		- 运营能力不足
		- 破坏环境
	宏观风险	- 汇率变化剧烈
		- 通货膨胀率或利率变化剧烈
国家风险	监管风险	- 价格管制变化和环境约束变化 - 行政限制
	换汇风险	- 限制汇兑和可换汇允许
	所有权风险	- 国有化 - 征购
法律风险	合同风险	- 合同有效性和合同条款
	司法风险	- 司法机构选择 - 司法决定实施的风险 - 争议调解程序不健全
不可抗力风险		- 自然灾害 - 战争、社会动乱 - 罢工

数据来源：国际能源署，《世界能源投资展望》，2003年

面对以上的风险，国际能源工业是否有足够的经济实力来推动新能源政策的落实，这一点尚未确定。风险的多样性及其覆盖的广度，以及防范风险的难度将有可能使一部分投资者心生怯意，从而在一定时间内造成资金供应不足和价格战冲突。而第一个受波及的将是高风险系数的发展中国家。

能源寡头间的合作与对峙

在 21 世纪初，石油、煤炭、天然气、电力领域都崛起了一股寡头势力。这些寡头或是全球性的、或是地区性的。虽然国际能源工业结构尚未完全稳定下来，但是我们已经可以预测到巩固、集中势力的势头将会持续很久，尤其是通过兼并、收购的形式，行业寡头的性质也会随之加强。我们也能想到一些石油、天然气生产大国将会把国企的一部分资产转卖给私企。虽然这些预测还没有最终实现，但是今日经济实力最强大的也将是未来第一批抓住这些机遇的。

威廉·费尔纳（William W. Fellner）在其《少数人的竞争》（Competition among the few）一书中说，在寡头组织内部，往往有两种矛盾的趋势：一是争得你死我活，互相开火；二是和平共处，友好合作。根据经济形势和短期、中期、长期的供求平衡状态不同，其中一种势头会压倒另一种而胜出。但是考虑到风险是无处不在的，合作很有可能压竞争一头而成为企业的最终选择。从供应的角度上看，这个情况是众望所归的，但是要注意不能以牺牲消费者利益为代价。除了企业的自我约束，最好还有政府监管部门的约束。

监管与指引力量

由于能源工业具有非常重要的战略地位，各国政府都设置了专门的监管机构去监督该行业。广义上讲，监管能源工业包括限制对外政策和对内政策、设置技术障碍（税收、存货和安全标准）、给予动力（激励措施、津贴）、建立标准（建筑、交通、设备的能源效率）。同时，它也涵盖确保竞争的有效性、严惩不良商业行为和滥用私权的行为、警惕兼并和收购行为引发恶性竞争。不同的是，后面所述职能将由专门的反垄断、维护竞争机制的部门来承担。从狭义上讲，监管部门需要认真监督能源行业中被视为自然垄断的分支（主要指天然气和电力的批发运输和零售运输），以防这些企业、机构坐地起价。无数国家都相应地设置了监管部门，并承担以上职责。之后我们将进一步检验欧洲的例子。

因此能源企业身处一个监管很严密的环境。监管力量限制和约束着市场力量。监管部门可以是国家政府、地方行政单位，也可以是一些独立机构。除此之外，所有相关国家也必须服从欧盟的宪章和国际公约。以上几点我们会在之后的章节中再次提到。但是为了理解国际舞台上的实力对比，我们在此再次强调能源供应安全的四大方面。为了更好地理解各国的政策，我们将拿欧盟的能源视野和美国的能源政策做比较。最后我们将谈及地方行政机构日益凸显的角色。

供应安全

自从能源供应流开始国际化了以后，能源供应安全问题就时不时登上国际热点榜，引发各国政府高度关注。自2001年"9·11"事件恐怖分子瞄准破坏民用设施进行破坏活动后，各国才恍然大悟：原来能源设施也有可能成为恐怖行动的首要目标之一。我们不敢想象；若是能源储备、油气管道、海底电缆和核电站一旦遭受恐怖袭击，将会产生怎样毁灭性的后果！

能源供应安全涵盖了所有的行业分支，因为只有保证整个能源行业的完整性才能满足消费者对最终能源形式的需求。所谓安全的能源供应，就是能源从生产商手中的初级能源为起点，能以合理的价格持续、稳定地供给最终消费者。这种安全性包括获取初级能源、生产、加工、运输和分配。

但是政治事件或自然事故却有可能引起供求关系短期或长期的偏离均衡状态，最终干扰能源供应的正常流动。有时候这种失衡状态可以通过较大幅度地提高价格来恢复，但是也不能排除短时间内从供应端入手干预仍无法解决的情况。

如果我们分析20世纪下半叶欧洲的供应历史，我们会发现很多有趣的现象：

截至2009年，尽管俄罗斯和阿尔及利亚国内的政治局势并不是太稳定，价格磋商有时候非常激烈，但是这两个国家从未中断过天然气出口。

历史上曾有两次石油进口危机：一次是在1956年苏伊士运河国有化的时候，法国和英国对埃及进行军事干预；还有一次是在1973年石油危机的时候，阿拉伯石油输出国组织（OAPEC）对荷兰实行石油禁运，因其被视为以色列的同盟。该禁运一直持续了好几周。在价格上，石油进口国无疑遭受了两次石油危机，一次在1973年，另一次在1979—1980年。

由于社会和气候原因，欧盟内部的能源供应相比于进口需求更加容易受到干扰。矿工罢工在欧洲非常常见，尤其是在英国。但是它却极大地影响了制造业和电力生产。在法国、英国、德国，已发生好几起司机围堵石油炼制厂出入口的案件。群众一度陷入缺油的恐慌。此外，电力供应中断也有很多起。有时候是极端天气导致的，比如洪水、暴雨、大雪、干旱（使地热发电站无法冷却）。大家回想一下1999年12月份那两次在48小时内接踵而至的席卷整个法国的暴风雨。才短短几个小时，全国1/4的电力系统就崩溃了，350万个家庭一下子陷入了漆黑之中。当然电力供应中断也有可能是因为电机产量不足导致的，比如说意大利和西班牙。我们真的能确信在自由的电气市场，生产能力能顺应市场需求而改善吗？

最后值得我们思考的一点是价格的波动性。能源供应安全不仅涉及能源流的规律性，也与价格水平有关。这个价格必须能或多或少地体现不同来源能源的经济、社会成本。然而，现在的能源价格波动相当剧烈，本身就成为了一个不安全的因素。尤其是在电力市场，每千瓦时的电价有时候可以远远超过生产成本。这点我们将在稍后的章节中继续提及。

能源供应安全因此是一个重要的政治主题。它既受不可抗力的影响，又受制于价格波动。能源供应切断的波及面可能是一地、一国，也可能是全球。中断的原因既有可能是经济的、政治的、社会的，也有可能仅是事故和气候所致。而恐怖主义袭击更是凸显了能源的关键性。以上我们应始终铭记于心。

欧盟委员会极为忧心能源供应安全，因此会定期组织"舌战"。它严肃指出欧盟近一半的能源都依赖于进口，这个比例还将在2030年上升至70%。基于以上几点考量，我们认为一种欧盟能源视野开始形成，如果不能称之为欧盟能源政策的话。

欧盟能源愿景

放开能源市场、建立统一市场是欧洲一体化的重要一步，但是《京都议定书》的签订却搅乱了欧洲各国原来的计划。欧洲国家都一致认同减排的必要性，但问题是需要找到一种既安全又廉价的能源来发展经济、提高竞争力，同时减少温室气体排放。因此2005年，世界上首个二氧化碳排放许可市场诞生了；2008年，欧盟又出台了2020年需达成的具体目标。也就是"3个20"：温室气体排放减少20%；可再生能源比例升至20%；能效提高20%。2020年三大目标也象征着欧盟能源展望的变革，突破了欧盟创建伊始完全依赖于市场机制的看法。它开始认识到仅凭市场力量是无法自动实现"3个20"的。除了"3个20"，欧盟还确立了以下原则：改善能效，能源选择多样性，能源供应安全和注重研发。可以说，欧盟能源视野远超世界其余诸国。

首先，改善能效。这不仅能降低对能源的依赖，还能减少温室气体的排放。据欧盟委员会估计，欧盟国家在不改变原需求的情况下，通过现有的科技手段可以把能耗降低近18%。

其次，增加能源选择多样性，避免形成对某种能源的特殊依赖，尤其是石油。没有一种能源是完美的。每种能源都会有一定的经济成本和社会成本，而且在中长期是很难预测这些能源的成本走向的。因此推动能源使用的多样化，无论是初级能源还是次级能源，都是完全合理的。我们优先推崇的能源是国内可利用的能源以及可再生能源，这样既可以减少欧盟对外的进口依赖，也能减少温室气体排放。同时，这种多样性也表现为能源供应来源的多样性。比如说对于天然气，欧洲国家应与更多的输出国家合作，而不应仅限于俄罗斯、阿尔及利亚和挪威。

再次，能源供应安全。针对石油和天然气，第一个预防措施就是建立安全储备。石油安全储备早在1968年就有了。欧盟成员国至少储备了能维持三个月的石油，但是我们期待欧盟能更好地协调各国的储备构成标准并设计出更合理的能源储备管理手段。至于保证电力的供应安全，则需要加深与天然气出口大国的合作，比如说，俄罗斯和阿尔及利亚。而天然气，由于它必须通过管道运输，供应商和采购商的合作关系反而更加稳固。当然政治上的合作也有利于加强各方之间的经济依存度。

最后，大力鼓励科研工作，发展新科技。在科研地位、工作协调和资金投入上来看，欧洲似乎都不及美国。

美国：能源政策难以下达

2001年5月，时任总统小布什公布了美国国家能源计划。该计划为总统智囊团与本土能源公司，尤其是石油商详细商议后决定的。[1] 由此我们不难推断出美国的实际意图：美国

---

[1] 参见DOE官网文件，也可参见Financial times' energy economist. juin 2001.

经济的稳定增长以及国民的安居乐业必须依托于大量的廉价能源，因此美国绝无可能减少能源消费，反之，它会不惜代价推动能源供应的增长。毕竟需求涨了，供应就一定要跟上。至于气候变暖和温室气体排放，这不是美国的工作重心，而《京都议定书》更是直接损害了美国工业的利益和美国国民的生活质量。但是我们要看到的是，美国一国的温室气体排放就占世界的27%。

从供应端，该计划主张放开石油、天然气开采，开采范围包括美国各州及之前因环境保护而关闭的一部分海面石油钻探、落基山脉和生态保护区，如阿拉斯加州的北极国家野生动物保护区（ANWR）。在核能方面，该计划提出简化现行的大部分行政手续，长期开放放射性废物的储存地（内华达州的尤卡山），重修《安德森价格法案》，把一部分核事故责任转移给国家。至于煤炭，美国本土就拥有丰富的煤炭资源。其生产的煤炭有90%都用于发电，占美国总发电量的1/2。美国总统小布什认为煤炭生产是美国的一个战略核心，国家应该投入大量的人力、物力来发展相应的科技。

虽然该计划也提及了保护环境、发展可再生能源、提高能效，但是显而易见这不是美国真正关心的话题。

该计划也反映出美国对本土煤炭、核能、氢能研发的重视及给予的财政支持。

小布什多次指出美国对进口石油的依赖性与日俱增，能源安全是美国外交政策和贸易政策的一大重点。他认为美国政府应该鼓励那些拥有丰富碳氢资源的国家接受外国资本投资，就像当初对沙特阿拉伯、科威特、阿尔及利亚、卡塔尔、阿联酋所做的那样。这样的开放邀请书就跟之前的提高供应水平是一个逻辑：在经济全球化的时代，尚未开发的土地就应该向私人资本敞开大门。特别是墨西哥，这个具有极强开发潜力的国家。美国公司无不垂涎于它的能源资源。我们将在石油那章继续谈到石油的供应安全问题的严峻性，尤其是经历"9·11"事件后。

美国能源政策正如以上看到的那样，是建立在维护美国国家利益和大企业家（尤其是石油商）利益的基础上的。但是美国是一个民主国家，它内部的反政府力量也或多或少约束了小布什的能源政策。其次，光是总统公开支持核能开发的态度并不足以吸引新投资，毕竟眼下电力行业正处于尤为复杂和困难的境地。再者，越来越多的美国公民和美国各行政机构（州、市政）都开始关心气候变暖的问题。

自 2009 年起，先是页岩气，再是页岩油的开发颠覆了美国能源格局。这导致了煤气价格大跌（-30%）和大量的煤炭/煤气替代商品的涌现。说到底，美国能源政策也不过是利益集团的一场政治游戏。

地方行政机构

地方行政机构也渐渐地在能源舞台上崭露头角。它们为满足公共需求而消费能源,一般来说还握有水、电、气网络并决定土地整改方案。非常有意思的是,能源行业的国际化也带动了地方分支的发展。公民的环境意识也越来越高,因为环境质量也是他们生活质量的一部分。许多人都表达了想参与广义环境质量监控的愿望,比如说,我们喝的水的质量,我们呼吸的空气的质量,噪声污染,视觉污染,交通系统,小汽车的停放,公共场所的整洁,我们消费的能源产地和能源形式。气候变暖是一个全球性的现象,但是当地的污染物却只会损害当地人的健康。虽然各地区的环境意识或有不同,但是各地人民的的确确开始关注环境问题了。诸如旧金山、雅典、开罗、加尔各答等城市无不充斥着地方污染和卫生问题,但也有一些城市,比如新加坡、伦敦和弗莱堡(框文 0-3)已经开始实施汽车限流和减排的政策。

框文 0-3　弗莱堡,阳光城市(德国,20 万人口)

这是一个坚持走可持续发展之路的典型案例。

交通

1972:弗莱堡新出台了一套出行方案,鼓励民众使用公共交通、步行和自行车出行。通过打造步行市中心、减少停车位、提高通行费等措施，成功在30年内让小汽车比例从60%下跌至37%。

气候

1996：该市通过了环境保护方案，坚决抵制气候变暖。目标：2010年的二氧化碳排放量相比于1990年下降25%。

太阳能发展政策

弗莱堡"阳光城市"的美名正是归功于它对太阳能的热衷：无论实施什么方案，太阳能必然是首选。要知道弗莱堡一城的太阳能产电量就能抵上整个法国（2.6MW），光太阳能接收转换器就占地6507立方米。安装太阳能设施还能获得600欧元的政府补贴。

全民参与

该市在太阳能发电上的成就首屈一指。光伏系统基本实现全市覆盖：家里空间大的市民可以单独安装太阳能设施，若是面积不足，市民可以选择多户合作安装，分享太阳能带来的便利。

生态建设

弗莱堡对两个社区进行了改造，用集体住房代替了单栋别墅，达到了节约建筑面积和加大城市密度的成果。整个建筑过程皆遵循生态气候标准：大楼的南北朝向，最大地使用日光，植物房顶……尽量把能耗降到最低，优先使用可再生能源。

社区设施和新建筑优先使用循环材料，禁止使用PVC。

数据来源：罗朗·加哈尔（Laurent Gayral），巴黎九大能源地缘政治与原材料研究中心（CGEMP）

虽然现在人们的环境意识越来越高，但是各国对能源的选择还是众口难调：日内瓦倾向于放弃核电，而位于欧洲大陆另一端的芬兰却兴建核电站。这两种想法可谓是天南地北，相去甚远，但无疑又给当下众说纷纭的能源体系及其地方分支变革添了一把柴火。

1992年的里约峰会促成了《21世纪议程》的问世。该议程文如其名，指的就是整个21世纪需要遵循的能源、环境行动方针。之后，有无数城市启动了可持续发展项目，并且这支队伍仍在不断地壮大中。这些城市坚持践行可持续发展之路，致力于构建兼顾经济和环境的和谐城市。

至此，我们已经把主要的几大能源战场梳理了一遍了。20世纪以石油爆炸式的发展及其应用为主线，而21世纪则不得不面临能源超额消费的后遗症，去解决环境问题、呵护地球和践行可持续发展之路。眼下地球环境破坏严重，气候变化形势复杂，科学家寻找对策需要耗费大量的时间。唯恐稍有不慎，就可能给下一代留下一个无可挽回的局面。然而所有根本性的变革最终都没有扛过国家、个人的一己私欲和巨大的经济诱惑。我们消费的能源中，石油占了四成。石油这种能源，生产成本极低，创造出的收益却非常可观。我们经常说石油钱肮脏，但不可否认的是，石油是各国经济发展、地缘政治的决定性因素之一。

为了帮助读者更好地理解当下的局势和未来的挑战，我们会先带领大家回顾一下能源的发展历史。以史为鉴，面向未来。就像费尔南·布罗代尔（Fernand Braudel）所说的："揭开历史平静的表面，去从中推敲未知的未来。"[1]

在接下来几章，我们会一一解说当今世界上的几大能源战：全球化下能源市场的自由化，电力新市场矛盾重重的运行模式，天然气的大宗贸易协商，以及无休止的石油战。最后我们以"约翰内斯堡方程"总结21世纪的能源战：人类该如何协调能源、环境、经济发展这三者关系来保护其唯一的生存空间——地球。

---

[1] Fernand Braudel. L'identité de la France, Arthaud, 1986.

第一章
从历史上的能源战汲取经验教训

　　能源消费本身是无止尽的，人类为了满足基本的生存需要必须不断地消耗能量。电能就犹如过去的热能、光能、机械能一样，已经成为人类日常生活和工作必不可少的供能形式，至少在发达国家是这样的。综观历史上为征伐、开发新能源、发展新科技而爆发的战争，无一不指引我们去挖掘人类需求的真实性、广度、多样性和演变过程，这也是为什么在前言呼吁所有人都去探讨人类需求和能源关系的缘由。

　　在上述人类所需的能源里，第一个出现在人类历史上的是热能。第一次能源大战就是因部落间争夺火种而点燃的。灌木燃烧形成的火不仅能用来取暖、烹煮、加工木材、石器、铜铁，还能用来夜间照明、驱赶野兽。

　　先有猎户、渔民、牧人，后连耕种者也进入丛林，尝试寻找其他能源来帮助他们耕地，造房，运输粮食、建筑材料和货物。在过去几千年里，木材、水、风、家畜是人类仅有的赖以生存的能源形式：帆船和拉车动物是人员、货物运输的主要工具；木材和木炭用来提供光和热；由风车翼和叶轮随风转动带动的机械则用以研磨谷物。从人类文明早期到19世纪中叶，世界各地的经济模式基本上都是小农经济。在近一个世纪的"可持续发展"进程中，可再生能源是人类的常用能源，而化石能源（石油、天然气、煤炭）尚不为人所知或使用率不高。在这段漫长的人类历史中，人员、货物运输的平均速度基本和快马拉车没什么区别。在1830年，世界上首个运输系统在巴黎、伦敦、纽约落成，但说到底也不过是马牵引的公共汽车而已。

在接下来的一个世纪，能源格局却发生了翻天覆地的变化。①煤炭、石油的大面积开采加快了工业化进程。交通系统也因铁路、蒸汽船、汽车和飞机的面世而焕然一新。在1870年到1970年间，若是用火车运输人员和货物，最大速度能达到60km/h，若是协和式飞机，也就是世界上第一架超音速客机，该数字能飙至1000km/h以上。自此，寂静了几百年的能源行业一下子成为焦点，比原始时代更为激烈的能源大战就此拉开序幕。不乏有人为求权谋财燃起战火，也有人追求经

---

① 关于能源历史，可参见Jean-Marie Chevalier, Philippe Barbet, Laurent Benzoni. Economie de l'énergie. Presse de la Fondation nationale des sciences politiques, 1986.

济发展、科技进步而发动战争。

煤炭为王

18世纪下半叶，英国率先爆发了能源革命，数个世纪未曾打破的柴薪、风力、水利铁三角在煤炭的猛烈攻势下逐渐瓦解。在当时，英国面临巨大的人口压力，需要大量的粮食、衣物供给。各地先后爆发土地革命、圈地运动，提升农作物和畜牧业产量。同时，人口爆炸也推动了工业革命、扩张运动和纺织业的现代化。农业、工业的发展，人口的增长，造船业的兴起都需要大量的灌木和森林资源。随着英国本土资源的逐渐减少，人们开始担忧未来木材补给不足，从而导致了价格一路攀升。这一现象引起了马尔萨斯（Malthus）等经济学家的高度重视。

以上所列的因素都为煤炭的发展创造了非常有利的条件。再加上英国本土多个地区都埋藏着丰富而又廉价的煤炭资源，轰轰烈烈的工业革命就此拉开了序幕。自此之后，由于环境污染，英国由一个绿色国家变成了雾国。对于纺织企业来说，快速生产出大量的商品并且保证高利润是其首要目标。引进机投梭是提高了织布的生产效率，但是这样一来也需要同时提高纺线速度。这时候，英国人想到了前人的智慧结晶——蒸汽机。于是，蒸汽机在18世纪末进入了英国工业。但是蒸汽机的广泛使用需要消耗大量能源，也就是煤炭，而制造蒸汽机需要钢铁。其次，兴建高炉也扩大了对钢铁产品的需求。总而言之，以上种种活动都让人们对交通的需求与日俱增：煤炭、铁矿石、半成品、成品的运输。然后就有了铁路，虽然这项交通工具本身也不过是蒸汽机、钢铁和煤炭的混合物罢了。1820年前后，英国开始兴修铁路，这场运动还扩散到了美国、德国和法国。法国算是落后的：第一条铁路线于1827年落成，连接圣埃蒂安和昂德雷齐厄·布太翁，主要负责煤矿和装运港之间的煤炭运输。1840年，法国铁路线不过400千米，而当时英国是2000千米，美国是5000千米。[①]

在所有工业国家里，当属英国的工业化进程最为古老、最为瞩目。眼花缭乱的工业发明与创新成功把煤炭捧上了最热门能源的宝座：从家庭供暖、工业热能到化学原料都离不开煤炭。此外，煤炭还成为了现代城镇照明的第一能源。因为煤炭燃烧生成的气体，也就是之后的"城市燃气"可以通过管道运输，用以公共场所和私人大楼的照明。世界上第一个公共照明系统就是在1807年的伦敦问世的，那时用的主要是煤气灯。19世纪初，蒸汽机也开始应用于英国皇家海军的船只建造。就这样，英国在煤炭的熊熊燃烧中茁壮成长起来。安德烈·西耶格里埃德（André Siegfried）用一句话简短地总

[①] Pierre Léon, in Fernard Braudel, Christian Labrousse. Histoire économique et sociale de la France. Paris, PUF, 1970.

结了英国的发展历程，那就是："1900年，英国将凭借煤炭征服世界。"

随着煤炭的开采，第一次能源大战拉开了帷幕。与其他化石能源不同，煤炭之战不是为了获取能源资源，因为本土资源非常充裕。它更多是一场政治、社会斗争。众所周知，煤矿工人的工作环境极其恶劣。在几大能源行业中，煤炭行业是劳动力密度最大的，因此也受到最多的社会关注。而煤矿和运输业（铁路、港口）则是社会矛盾爆发的主要场所。

因此，不到一个世纪，煤炭就成为了发达国家使用的主流能源，用以城市供暖、照明和提供动力。比如说，在巴黎，19世纪末建造的房子还贴着"每层都提供燃气"的字样呢！那个年代，公寓的照明主要是通过城市燃气，而取暖则有燃气灶和燃气锅炉。

煤炭行业非常有趣的一点是，大多数国家的煤炭生产商都不是太在意煤炭的销路。他们很少关心煤炭的运输、分销、使用，更不用说使用者了。他们往往守着自家的煤矿，只负责买卖原矿。鉴于高昂的运输费用，他们十分重视保护自己的客源区。这种行为不禁让人猜想：这些矿商是不是从未路过其他销货市场？1860年，在勒努瓦（Lenoir）、兰格（Langer）、布雷顿（Brayton）、奥托（Otto）、戴姆勒（Daimler）、迪塞尔（Diesel）等人的努力下，第一批以煤气或碳粉为燃料的内燃机面世了。而第一个柴油机，也就是赫伯特·艾克罗伊·斯图尔特（Herbert Ackroy Stuart）柴油机，要等到1890年，也就是勒努瓦内燃机发明30年之后才问世。煤炭行业投资一般来说是按着惯例进行，但是一旦煤炭利润得不到保障，尤其是在欧洲，在政府机构的支持下，煤炭行业成立了垄断性质的同业联盟（俗称"卡特尔"）。

煤炭这种消极占领市场的模式一直延续到了20世纪中叶，确切来说是1967年，全球石油消费量才超过了煤炭。第二次世界大战后，煤炭和钢铁还是欧洲战后经济重建的两大支柱。在法国，煤矿被征收，由法国煤矿部统一管理。1952年欧洲建立了煤钢共同体（CECA），旨在提高欧洲的煤炭生产力和降低生产成本。在法国，煤炭产量在1958年达到历史顶点，合计5.9千万吨煤炭，共有20.7万员工参与生产。在这天，煤炭仍代表着57%的初级能源消费。

在整个20世纪五六十年代，欧洲煤炭遭受了好几次重创：水力、白煤、电力、供暖燃料，最后还有进口煤炭，特别是来自美国的煤炭。因为后者即使算上船租，也完全可以与欧洲煤炭抗衡。这是"煤矿悲剧"的开始，渐渐地，许多煤矿都倒闭了。在此形势下，西欧国家和日本制定了适应方案来限制单一煤矿的开采。煤矿业的倒退程度取决于煤矿的富裕情况、生产成本及社会、地区的限制性因素。倒退的社会成本很高。法国在1960年出台了《煤矿倒退计划》，也称为"让纳内计划"（Jeanneney），因当时工业部长为让纳内而得名。

这也是经济历史上唯一一次行业倒退的管理案例。[1]

在我们的能源消费结构中，煤炭占了三成。在一些国家，这个比例更高：中国69%，印度55%，波兰56%，澳大利亚43%，南非75%。世界几大煤炭出口国分别是澳大利亚、南非、美国和印度尼西亚。出口煤炭通常是来源于露天开采的大型煤矿，生产成本极低，利润相当可观。以现在的年产量计算，世界上的煤矿还可开采逾200年。

美国第一次石油战

19世纪中叶，另一化石能源——石油登上了历史舞台。[2]相较之煤炭战，石油战更加激烈。起初，只有美国竭力想要控制这个新兴工业。之后，石油跨国企业集团"七姐妹"操纵世界石油供应流。慢慢地，石油确立了相对于煤炭的主导地位。因为石油呈液化，只要稍微挤压地层，就能自己喷出

---

[1] Philippe de Ladoucette, Charbonnages et la société française, Annales des Mines, avril 2004.

[2] 关于石油历史，可参见 Daniel Yergin. Les hommes du pétrole, Stock, 1991. trad. Fr. The Prize : the epic quest for oil, money and power (1991). Jean-Marie Chevalier. Le nouvel enjeu pétrolier. Calmann-Lévy, 1973. George Stocking. Middle East oil : a study in political and economic controversy. Vanderbilt University Press, 1970. Edith Penrose. The large international firm in developing countries. The international oil industry. Allen & Unwin, 1968.

地面。就这样，石油的获取也成为了国家经济实力和军事力量的象征。

1859年，在宾夕法尼亚州的德雷克（Drake）中校发现了21米深的油床。这是历史上第一次石油井喷。事实上在遥远的古代，世界上好多地区的人们就已经知道了石油的存在。那时候，石油主要用于照明和填补船身空隙，石油市场也仅仅是一些地方市场。

美国人一开始仅把石油当作润滑剂，之后通过石油精炼，剔除原油中的杂质，用来提取灯油。1860年到1870年间，煤油灯取代了传统的蜡烛在美国流行起来，成为当时最新潮的家庭照明设备。那些没法获取城市燃气的人也因此能够享受稳定的、强大的、可调节的光照。说起来石油可作灯油这种性质的发现还是归功于约翰·D.洛克菲勒（John D. Rockefeller）。1863年，这位工业巨头在俄亥俄州的克利夫兰创立了美国最大的石油提炼厂。他清楚地看到原油精炼和灯油的销售会给自己带来巨大的财富。一开始，洛克菲勒自己并不生产石油，他从许许多多小的勘探者手里收购石油。石油的生产价格往往随着油田的面积、特性和需求的趋势而上下波动。为了巩固自己的优势地位，他还与铁路公司协商，最终成功获得了低价运输原油的优惠条件。凭借巨大的比较优势，洛克菲勒逐渐吞并了对手，成立了"标准石油公司"（Standard Oil）。短短几年里，标准石油公司与旗下众子公就掌握了美国石油精炼工业近80%的话语权,成为了历史上少有的同时拿下专买、专卖两大权力的公司。它既是石油精炼产品的主要销售商(近乎垄断),也是原油市场的主要收购者(近乎独家收购)。自1895年,洛克菲勒宣称他只收购接受标准石油公司定价的原油。该事件敲响了石油交易所的丧钟,从此以后,标准石油公司一手遮天,成为石油价格的唯一决定者。

美国能源工业的几大巨头基本上采取的都是这种粗野的资本主义发展方式,因此经常被人称之为"窃贼男爵"。在石油领域,生产者只能被动地接受价格;石油提炼商为曾经出让生产设备而懊悔不已;消费者没有其他选择。在19世纪下半叶,满心怒火的人们终于开始站起来反抗大资本家垄断市场的行径。1890年,经过多番讨论之后,国会终于颁布了第一部反垄断法——《谢尔曼反垄断法》。该法案由参议员谢尔曼(Sherman)提出,因此冠以该议员的名字。从此,实际垄断及垄断意图都被视为违法行为,至于如何区分两者,则需要法官仔细评判后定夺。反垄断法出台之后,许多大公司纷纷卷入官司,其中就有标准石油公司。1911年,美国最高法院审判标准石油公司以不合理的方式限制竞争和排除异己,命令其分解为33个法律意义上独立的公司。其中三家公司后来成为了石油"七姐妹"的成员,统领了半个世纪的世界石油市场,它们分别是新泽西标准石油(Standard Oil of New

Jersey）、埃克森美孚、纽约标准石油、加利福尼亚标准石油（雪佛龙）。

由于洛克菲勒不从事石油生产，他低估了油田勘探的利润。一旦发现大面积的廉价油田，也就是一油田的生产成本远低于市场价格，那么对于勘探者来说，无非是发了一笔横财。这也是石油"七姐妹"的另外两个成员——海湾石油（Gulf Oil）和德士吉公司（Texaco）的发家历程。坐拥得克萨斯州一望无际的油田，海湾石油和德士吉公司开始进军世界市场，抵制标准石油公司侵占北方工业市场。

在世界上大部分地方，开采地下资源首先需要获得国家的特许权。而在美国，土地所有者也是地下资源的所有者。但是这种所有权在能源开采中却很难真正落实：一块油田可能延绵数千千米，这不可避免会涉及多户家庭，但是开采油气只能选择其中一块地进行钻井。最终石油所有权就如捕猎中的猎物所有权，谁最先挖井石油就是谁的。这样导致的结果就是："趁你的邻居还没发现的时候把其地下埋藏的石油占为己有"。为了抢夺尽可能多的石油，人人都在自己的地界上挖井。这井眼从自己家一直挖到了边界，人人都想方设法从毗邻的土地下吸出石油。如此的法律规定在石油时代初掀起了一阵勘探热潮，而众人所采用的方法往往与开采规定大相径庭。在所有国家里，唯美国的地质勘探最多。尽管美国在1930年就建立了复杂的石油生产份额制度，其碳氢资源还是被众人打井，挖了个底朝天。成千上万无用的井暴露在日光之下，大片的矿田开采后就被弃如敝屣，毫无遮蔽。1967年，全世界共有七十万口油井，而近六十万都在美国。美国油井的日平均产量是1.9吨，而在中东，这个数字是546吨。[1]但庆幸的是，对于海面石油钻探、国有土地和州有土地，该项特殊的法律规定不成立。

除了美国，俄罗斯的巴库（Bakou）也开始从事原油生产。美国的大企业家，尤其是诺贝尔兄弟（Nobel）和罗斯柴尔德家族（Rothschild）对这些油田虎视眈眈。但不巧的是，1950年后，俄罗斯社会动荡。因此这块地区就被完全地边缘化了。所以在20世纪初，石油主要还是来源于美国。在这近半个世纪里，美国始终维持着它世界第一原油生产国和第一原油出口国的地位。可以说石油历史就如同工业历史上最激越的篇章，一路坎坷一路荣光。如果有读者想要了解石油历史上的领军人物和他们传奇的一生，那么本人非常推荐丹尼尔·耶金（Daniel Yergin）的《一部追逐石油、金钱和权力的史诗》，该书曾荣获普利策奖。[2]

---

[1] Jean Masseron, L'économie des hydrocarbures, Paris, Technip, 1969.
[2] Daniel Yergin, op. cit.

电力女神

19世纪末，在工业化国家，大城市基本都配备了煤气厂、煤气储存设备和照明系统。每天日出日落时分，都会有一群人穿过大街小巷去关闭或开启城市各处的煤气灯。至于小城市里的居民还使用着煤油灯。电的发现和普及则完全改变了这样的状况。

电的发现离不开物理科学的发展。为了筹备1937年万国博览会，东京博物馆邀请杜飞（Dufy）设计了壁画《电力女神》。这幅壁画描绘了自远古时代以来科学家举世闻名的实验研究。而托马斯·爱迪生（Thomas Edison）经过数千次的失败终于在1879年发明了白炽灯，正是人类对知识执着追求的体现。这位大发明家在1881年的巴黎世博会上向世人演示了电力的生产、运输和照明的整个过程。在短短几周内，巴黎就摇身一变，成为了电力之都。这次世博会不仅让广大群众了解到了爱迪生的白炽灯，也把贝尔（Graham Bell）的电话机、西门子的有轨电车和能远程收录巴黎歌剧院演出的留声机推向大众的视野。一年之后，也就是1882年，爱迪生在曼哈顿设计了第一个电力分配网，实现了给400个灯泡持续稳定供电的创举。再过一年，这个网络就覆盖了一万盏电灯。就这样，地方电力生产和分配系统在19世纪末开始发展起来。在法国，格勒诺布尔是第一个通上电的城市，因为在离城市约十几千米的维济耶有一个水力发电站。起初，由于各分配网络参照的技术标准不同，有些供应直流电，有些供应交流电，电压也各不相同。之后很多输电网络都被重新整合，形成了现在的大电力公司。同时，电力运输的发展也带动了热力设施（煤炭、天然气等）和水利设施的发展。世界上运行的35000个大坝都是在20世纪建造的。中华人民共和国在成立初期仅拥有8座水电站，后来竟添了15000座。有些水电站的装机容量更是令人诧异。比如说，巴西的伊泰普水电站，其名义功率竟达11000 MW，相当于11座核电站。而中国的三峡水电站更是令世人瞩目，其功率竟等同于二十几座核电站！

电力生产结构的地区差异性也不小：挪威和巴西基本上靠水力发电；阿尔及利亚和伊朗更偏向天然气发电；在澳大利亚、南非和印度，煤炭发电比例占到75%；而法国的情况更是特殊，其75%的电力都是由核电站供应的。

掠夺、瓜分中东石油

1901年，威廉·诺克斯·达西（William Knox d'Arcy）经与伊朗沙王几番密会后成功获得伊朗国内所有油田的开采权。1908年，为了开采一块新发现的油田，他成立了英国伊朗石油公司（Anglo Persian Oil Co.），也就是英国石油公司的前身。那个时代所有发动机的启动都需要石油。1907年，世界上第一批流水作业生产的汽车驶出了福特工厂。若干年之后，英国海军部第一指挥官温斯顿·丘吉尔（Winston Churchill）宣布皇家海军舰船一律使用柴油发动机。这个政治决定是能源史上浓墨重彩的一笔。因为之前还从未有过一国海军舍弃本土的煤炭，选择中东柴油的例子。一国对进口石油的依赖也第一次在历史上出现。因此，英国政府大量收购英国伊朗石油公司的股份，一跃成为该公司的最大股东。该公司还在波斯湾深处的阿巴丹（Abadan）修建了一座石油精炼厂，该工厂是当时世界上规模最大的一家炼油厂，于1913年正式完工。同时，英国也非常垂涎伊朗的石油资源，尤其是美索不达米亚地区（今伊拉克）的石油资源，因此威廉·诺克斯·达西也开始深入奥斯曼帝国。据历史记载，数百年前，就曾有沼气从地缝间泄漏出来，被历史学家称之为"巴比伦之火"，让亚历山大大帝极为吃惊。但是，达西在这个地区遇到了两个新的竞争对手，一个是英荷合资的荷兰皇家壳牌，另一个是德意志银行。当时这两家想要在德国和巴格达之间建造一条铁路，并沿着铁路线一路勘探石油。这时候，亚美尼亚地质学家卡罗斯特·古本江（Calouste Gulbenkian）恰到好处地介入了这个遍布阴谋和算计的局势，意识到如果他能够成功地协调各方的利益，那么他将有可能大赚一笔。在他的撮合下，各方开始了极为复杂的磋商，最终在1912年建立了土耳其石油公司（TPC）。其中英国伊朗石油公司持股50%，壳牌

25%，德意志银行25%。为了回报卡罗斯特·古本江，三家公司许诺给他5%的利润。这位精明的商人十分清楚与其分得一块小蛋糕的一大块，还不如去争一块大蛋糕的一小块，被世人戏称为"百分之五先生"。

就这样，在第一次世界大战爆发前夕，欧洲的石油产品主要来源于美国的石油公司和两大控制中东石油的欧洲企业。但是战争很快让各国意识到能源的战略地位：运输军队、大炮都需要装有发动机的运载工具。法国征收巴黎的出租车用来快速运送军队去往前线，阻止德国军队的入侵。汽车燃料的供应首次成为法国军队关键、紧迫的任务。但是美国后方补给的燃料却在海上遭受了德国潜艇的火攻。面对这样的战况，乔治·克列孟梭（Georges Clemenceau）于1917年12月15日给威尔逊（Wilson）总统发了一封言辞犀利的电报："汽油补给不足将很有可能造成我们作战部队的瘫痪，使同盟军陷入困境。如果同盟军不想战败，那么法国在这遭受日耳曼侵略的极端时刻，就要想方设法去获取汽油。即使是在未来，汽油也如同战争的血液一般不可或缺。"这段话最后被收进了经典语录。经此战后，石油和人员、军备运输、坦克、战斗机一起成为衡量军事力量的绝对标准。

伊拉克第一次石油战

在20世纪60年代，随着墨西哥（壳牌、标准石油）、委内瑞拉（壳牌、标准石油、海湾石油）、伊朗（英国伊朗石油、壳牌）、印度尼西亚（壳牌）的崛起和苏联的回归，石油产量实现了翻倍而且更加与国际接轨。美国本土资源逐年递减，而大片油田在海外被发现，美国石油公司开始忧心忡忡，亟欲追赶英国的两家石油巨头——荷兰皇家壳牌石油公司和英国伊朗石油公司。中东成为了它们主要的目标，因为该地区的局势并没有因为第一次世界大战后的条约而发生多少实质性的改变。圣雷莫条约把德意志银行在土耳其石油公司的股份转让给了法国。这笔资产于1924年正式交付给新法兰西石油公司（之后由道达尔接手）。至于英国人，他们则想尽办法巩固自己的地位。之后随着奥斯曼帝国的瓦解、伊拉克的建立，英国获得了该国的委托治理权。石油还没有在伊拉克的土地上喷射，英国人就极为轻松地控制了该国。但是英国政府刚扶持前叙利亚国王费萨尔（Fayçal）登上王座，阿拉伯民族主义运动就爆发了。寻找石油、获取利润的任务刻不容缓，然而英国政府又不可避免地和国际石油公司起了争执，各方僵持不下。事实上，英国大可利用手中的委任书拒绝其他国家的勘探队伍进入伊拉克，比如说，标准石油和美孚石油。在当时，伊拉克俨然已经成为列强眼中的肥肉，列强恨不得将其撕咬入腹。美国早已按捺不住想要在中东夺得一席之地，并拿出了"门户开放"原则当幌子，认为即使伊拉克委托英国代为管理，伊拉克的国门也应该始终向国际贸易无歧视地敞开。在美国外交部和国务院对此激烈地讨论时，标准石油公司总裁在美国政府的大力支持下直接要求和它的死对头英国伊朗石油公司总裁谈判，希望英国政府批准美国企业入驻伊拉克。在伊拉克石油第一次井喷时，双方终于达成共识。土耳其石油公司重整股份，并改名为伊拉克石油公司。六位股东分别为：英国伊朗石油公司，持股23.750%；荷兰皇家壳牌石油公司，持股23.750%；法国石油公司（CFP），持股23.750%；新泽西标准石油公司，持股11.875%；美孚石油公司，持股11.875%；卡罗斯特·古本江，持股5.000%。

松鸡围猎和石油和平

美国石油公司一经批准进入伊拉克，就开始马不停蹄地筹备石油勘探事宜，聚集在古本江用红笔圈出的原奥斯曼帝国边界图前开始谋划。根据红线协定，伊拉克石油公司所有股东只能在红线标注范围内进行干预活动，即土耳其、伊拉克、叙利亚、除科威特外的整个阿拉伯半岛。

几个月后，壳牌的总裁亨利·德特丁（Henry Deterding）先生在苏格兰豪华气派的阿什纳卡里（Achnacarry）城堡设宴，邀请众同行参加松鸡围猎派对。但是这个小故事并没有谈及围猎的具体内容，相传主宾谈得最多的还是石油。而且这次交谈甚为保密，一点讯息都没有泄露出去。之后过了很久，直到第二次世界大战结束，人们才发现阿什纳卡里协定的签订正式象征着国际卡特尔的诞生。面对超额供应的风险和战争风险，跨国石油公司一方面渴望和平，一方面又想使利益最大化，维持"俱乐部"的垄断地位。阿什纳卡里城堡的猎人们同意维持现有的市场份额分配（这是前提），此外还就价格决定机制和生产监管机制统一了意见。这是一个纯粹的同业联盟机制，也完美地印证了英国经济学家约翰·希克斯（John Hicks）所言："一份宁静的生活是垄断者得到的最好报酬。"

其他非伊拉克石油公司股东的美国公司也削尖了脑袋想要进入中东市场。1933年，加利福尼亚标准石油（今雪佛龙）利用现代沙特阿拉伯的创立者——本·沙特国王对英国政府的疑心而成功获得了沙特阿拉伯的特许权。后来该公司在达曼（Damman）发现了一个巨大的油田，却发现仅凭一己之力无法管理整条石油价值链。这时候它联结了分销网络非常发达的德士古石油公司（2000年，两家公司合并）。后来就有了沙特阿美石油公司，主管石油生产，以及加德士公司，主营石油分销，加利福尼亚标准石油和德士古在两公司持有等额股份。

至于海湾石油，跟着英国伊朗石油公司一唱一和，在1934年得到了科威特的特许协议。1938年，这两个公司在勃艮（Burgan）发现了一望无垠的油田。但是和之前加利福尼亚标准石油的情况一样，它们也没有能力处理全部的原油。所以海湾石油和英国伊朗石油公司就通过复杂的利润分配体系，把一部分油田转交给了卡特尔的其他成员。

因此，直到第二次世界大战结束，石油历史在地理上还是被割裂成两大块：美国以及世界上其余地区。美国上下有数千石油生产商，经营着大大小小的油矿。他们拥有非常强大的政治力量，并希望价格能始终维持在让小经营者温饱的水平。在世界上其他地方，除了社会主义国家之外，石油供应都掌握在"七姐妹"手上。为了制定世界原油价格，卡特尔企业参照了美国东岸（墨西哥湾）实行的价格。为了确定一批原油或石油成品的价格，它们假设这些货物产自墨西哥湾，所以它们在官方税收的基础上还加了一笔从墨西哥湾到装运港间虚拟的运费。这样的定价方式能够使这些跨国石油公司在中东开采的原油价格最大化，从而赚取更多的利润。在第二次世界大战期间，英美的战船曾在阿巴丹补给，发现当地的煤油价格跟得克萨斯港口加了虚拟运费的价格竟然一样！英国伊朗石油公司虽然由英国政府控股，但是这个价格制定的秘密却从未为外人道过。

自从美国加入第二次世界大战，美国政府就意识到光是美国本土的石油生产并不能满足作战的需要。因此加强美国石油企业在海外特别是中东的势力变得尤其关键。1944年，著名的地质学家诶福瑞特·李·戴高里（Everette Lee DeGolyer）带着中东勘探结果回来了。他的归来无疑给美国政府打了一针强心剂，因为他发现中东地下埋藏的石油是人类历史之最,尤其是沙特阿拉伯,美国政府需要特别关注这个国家。因此美国总统罗斯福(Roosevelt)结束了和丘吉尔、斯大林的雅尔塔会议后,于1945年2月组织了和沙特国王本·沙特的会晤。这次会晤不仅是为了取悦丘吉尔,还奠定了利雅得和华盛顿之间牢不可破的石油贸易关系。当时由加利福尼亚标准石油和德士古主导的沙特阿美石油公司需要大量的融资资本和销货市场。它们自然地看向了两个强大的美国同行,标准石油公司和美孚公司。这两家公司正求之不得,迫不及待地脱离了伊拉克石油公司并打破了红线协定。它们甚至还劝说同在伊拉克石油公司持股的英国伙伴一同脱离红线协定。此举引来了法国石油公司和古本江的抗议,并以打官司威胁标准石油公司和美孚公司。一旦告上法庭,那么卡特尔内部的矛盾将大白于天下。所以美国石油公司给予了法国石油公司和古本江一笔补偿金,请求它们罢诉。至此,美国石油公司成为了世界石油资源的唯一控制者。

美国天然气的秘密发展

石油在美国的发展势头迅猛,但是其"一母同胞"的天然气却始终默默无闻,被认为是多余的副产品。由于是气体,天然气的远距离运输一直是生产商的大麻烦,不仅昂贵,还要担心气体在运输过程中的泄漏问题。所以一直以来天然气都是原地焚烧。1913年,仅在俄克拉荷马州(Oklahoma)的库欣（Cushing）盆地就焚烧了相当于纽约市民一年燃料需求的天然气。直到1925年左右，随着技术进步，科学家发明了无缝焊接管道，远程输送天然气才成为可能。天然气这才进入了城市，并逐渐取代了煤气。此后，成千上万的公司都涌入天然气生产、运输（州内、州际）和分销行业。运输系统和分销网络的逐渐完善则又引起了行业的自然垄断问题和监管问题。美国政府为此出台了两大法律来建立复杂的监管体系：1935年的《公用事业法案》（Public Utility Act）和1938年的《天然气法案》（Natural Gas Act）。[1]

直到第二次世界大战，天然气还完全是美国人独有的能源。但是战后，欧洲国家也开始着手开采它们本土的天然气资源，慢慢地形成了现在的天然气工业。起初，这个工业由法国政府一手推动，但随着欧洲各国市场自由化和对外开放的进程不断加深，它也避无可避地牵入其中，而且就像当初美国的天然气市场一样，还掺杂着竞争监管的问题。具体内容我们将在第三章继续探讨。

石油独立战

第一次世界大战后，美国启动马歇尔计划帮助欧洲重建，

---

[1] J.D. Davis. Blue cold: the political economy of natural gas. Allen & Unwin, 1984.

欧美政府开始忧心石油的价格。为此美国的竞争监管机构——联邦商务委员会（Federal Trade Commission）开展了一次浩大的调查工程。尽管出版过程中遭到了压力集团的猛烈施压，但最终这份调研结果还是在1952年登上了《国际石油卡特尔》一份鼎鼎有名的报告中。[①] 这份报告向全世界揭示了石油工业的运行模式、红线协定和阿什纳卡里协定、价格决定机制和石油生产机制。石油行业的秘密就此被打破，连带还有争夺石油收入的经济价值。

为了摆脱跨国石油公司的摆布，石油出口国和石油进口国使出了全身解数想要踏入跨国石油行业。

首先，在1953年的意大利，设立了一个名为"埃尼"（ENI, Ente nazionale idrocarburi）的公共机构。它主要负责碳氢化合物的研究、生产和运输，尤其是位于坡城（Pô）峡谷的巨大天然气田。根据总统恩里科·马太（Enrico Mattei）的意愿，埃尼竭力寻找可靠的供应源，希望摆脱对同业联盟的依赖。1955年，埃尼顺利得到了埃及的特许权，之后又在伊朗、摩洛哥、突尼斯和利比亚屡获成功。此外它还允诺给予石油生产国更加诱人的税收政策，并在"冷战"时期毫不犹豫地向苏联购买原油。这种坚定而又直接地打击卡特尔利益

[①]《国际石油卡特尔》于1952年8月由联邦商务委员会提交给美国参议院。

的做法让埃尼成为了石油独立的象征。之后意大利总统恩里科·马太遭遇飞机失事而死亡，且至今原因不明。出于好奇心，人们为此拍了一部名为《马太事件》（*Affaire Mattei*）的电影。

为了获取石油独立，法国走了一条不同的道路。第二次世界大战后，德国战败，法国理所当然地接手了德国在伊朗石油公司的股份。之后还专门设立了法国石油公司来管理这些股份。所以法国石油公司的地位有点像石油"七姐妹"的表姐妹。它也遵守俱乐部的规定，却不拥有话语权，尤其是在土耳其石油公司所辖区域外寻找石油的事情上。1928年法国法律规定了法国石油公司的经营范围，也因此建立了石油工业的委托垄断机制。公司可根据固定配额代表国家行使石油进口、提炼、分配权。第二次世界大战后，法国手中还握着一个庞大的殖民帝国。1945年法国政府建立石油研究所（BRP），主管筹备和执行法国本土和殖民地国家的研究项目。该公共机构在摩洛哥、加蓬、刚果和阿尔及利亚紧锣密鼓地开展勘探工作，最后于1956年发现了撒哈拉大油田。但是撒哈拉大油田出产的石油在法国却找不到市场，因为这些石油并不属于大石油提炼场。这时法国政府动用了委托垄断机制（1928年法律），强制要求在法的石油提炼商必须使用一定比例的阿尔及利亚石油，这成为必须履行的"国家义务"。就这样，阿尔及利亚石油在法国石油供应总量中的比例逐年提高，在1964年达到了35%。

1966年，法国政府又组建了一家企业来代表国家从事石油经营活动，也就是诶尔夫·阿基坦（Elf-Aquitaine）——法国石油政策和法国外交政策的一把利剑。1928年法律也让法国政府能够再一次地深入国家石油工业，乃至国际石油工业。就像意大利的埃尼，诶尔夫承诺给予能源生产国比卡特尔企业更加优惠的条件，从而实现能源供应的多元化。撒哈拉大油田产生的巨额收入则为法国企业的全球布局战略一路保驾护航，让后者成功地在伊朗、伊拉克、非洲南部、加拿大和北海扎根。

石油输送国的长期抗争

几十年间，大型跨国石油企业满世界找石油，掌握了不少国家的石油资源。可是这些国家也因此提早面临石油资源枯竭的问题，比如说，墨西哥油田不到25年就已经干涸了。而跨国石油公司支付给石油生产国的特许权使用费较之其巨额收入可谓九牛一毛，不过是给股东的一点红利罢了。而石油的实际生产成本和每个特许协议的具体条款都被它们捂得严严实实，密不透风。很多年以后，由于很多原因，拉丁美洲和中东地区的国家才后知后觉石油收入分配的巨大差异。

墨西哥是第一个站起来反抗的国家。1917年的宪法赋予了国家控制自然资源的权力。当时墨西哥是继美国之后的世界第二大石油生产国。所有权的改变促使石油公司快速掏空了它们占有的油床并大力缩减勘探的支出。墨西哥的石油产量也从1921年的3100万吨跌落至1930年的600万吨。一场政府和石油公司的拉锯战就此展开了，政府要石油公司提高特许权使用费并改善矿工的社会地位。1938年，墨西哥总统决定把石油行业国有化，设立墨西哥石油公司来管理收归国有的资产。墨西哥也因此成为了继俄罗斯之后第二个把石油行业牢牢捏在手里的国家。而被国有化的企业，它们撤回技术人员、打压墨西哥原油，希望政府能回心转意。后来第二次世界大战爆发，在战火纷飞的环境下，这种抵制行为的影响被削弱，墨西哥人最终保全了自家的财富。

1948年，委内瑞拉作为当时世界上第二大石油生产国、第一大石油出口国，也开始向跨国石油公司开火了。委内瑞拉政府修改了特许协议的有关条款，提出五五分成的分配方案。为了拉拢更多盟友，它甚至还派出使者前往中东去解释其行为的缘由。1950年，沙特阿拉伯和科威特也采纳了五五分成的分配方式。美国石油公司没有反对，对于它们来说，只要在生产国免缴的税金能抵上在美国上交的税金即可。然而1950年伊朗政府向英国伊朗石油公司提出五五分成时，被英国财政部一口回绝并表示不接受税收减免政策。于是，伊朗摩萨台政府（Mossadegh）决定征收伊朗石油，并设立了伊朗石油公司（NIOC）。英国伊朗石油公司因此组织抵制伊朗石油出口，反抗伊朗政府。伊朗石油产量一下子从1950年的3.3千万吨跌至1952年的130万吨。面对英国伊朗石油公司石油被伊朗政府没收的情况，石油购买者们并没有感到恐慌。欧洲的原油供应有两成出自伊朗，但是大石油企业通过开采科威特和伊拉克的石油很容易就填补上了短缺。英国政府极为赞成这种借东家补西家的做法，它认为抵制伊朗石油，就是剥夺伊朗的收入来源，能加快摩萨台政府的下台。而另一边，美国政府越发显得忧心忡忡，不知道这场危机将持续多久。要知道当时正处于"冷战"阶段，法国担心苏联可能会趁着阿巴丹炼油厂倒闭之际发动战争。阿巴丹炼油厂是欧洲机用柴油、汽油的主要来源，一旦断产，在欧的美国军队将全体瘫痪。所以重振伊朗石油成为了欧美的军事战略重心。杜鲁门（Truman）总统把这项艰巨的任务交给了赫伯特·胡佛（Herbert Hoover）。后者立马在他的办公室召集了美国五大石油公司：标准石油、美孚、加利福尼亚石油、德士古和海湾石油。最后由这五家公司出面劝说英国伊朗石油公司（原控制100%伊朗石油）一同建立新财团来瓜分伊朗石油控制权。后者将持有40%股份，美国的石油公司分得40%，壳牌占14%，剩下6%为法国石油公司所有。英国人别无选择，因为他们知道一旦拒绝，美国国务院和美国公司就必须独自面对危机。最终分配问题解决了，摩萨台政府几天后也因为美国中央情报局（CIA）的快速出击而垮台了。虽然伊朗石油行业名义上归为国有，但是实际上美国公司才是真正的操舵手，拥有等同于所有权的权力。伊朗人有几个月丧失了生产能力，但是他们成功争取到了更加公平的收入分配政策。而接下来的一场石油国有化运动在20年以后熊熊燃烧在阿尔及利亚的土地上。

欧佩克的诞生和两次石油冲击

20世纪50年代，世界原油价格暴跌。背后原因众多：卡特尔这种利益结合体渗入政府市场；新建的国营企业进入行业，掀起了新一轮的价格战；老牌石油企业采取了薄利多销的营销手段，尤其是对于产自中东的石油，旨在加快石油产品取代煤炭的进程，尤其是在快速扩张的欧洲市场。但是不少石油生产国却因此坐不住了，开始寻找对策、挽救局势。

在以委内瑞拉为首的石油生产国的煽动下，相关政府在几年间组织了不少会议，互相征求意见。1960年，伊朗、伊拉克、沙特阿拉伯、科威特和委内瑞拉创建了石油输出国组织（欧佩克，OPEC），宣称是为了成员国能定期交流意见以统一石油相关政策。欧佩克组织的行动目标先是价格问题，再是建立共同的税收制度，最后是检查生产监控模式。当然以上行动都进展得非常缓慢，因为在20世纪60年代，经济形势普遍不景气，市场被低廉石油占领，石油生产国很难实行价格上调。

自 1970 年，国际石油风向一下子变了。当时，大石油企业力量仍然非常雄厚，掌握着世界近 80% 的出口和中东 90% 的石油生产。这种供应端的控制保证了消费者能稳定地获取石油，而且石油价格还有下跌的趋势。1956 年，苏伊士运河的国有化在西欧造成了一定的恐慌，甚至限制了汽油的使用。但这和生产力没有任何关系，而是由于往返非洲的运输船只不足导致的。

在 20 世纪 70 年代初两大现象出现了：一方面是石油生产成本上升，另一方面是美国对进口石油的依赖越来越强。从生产的角度上讲，工业大国和其企业意识到了自己对石油的依赖性，以及找到新油田、提供多样化能源供应的迫切性。在这样的形势刺激下，天然气开始迅猛发展，在市场上崭露头角。同时新的石油征伐战在新大陆——阿拉斯加、北海展开。这些地区政局相对稳定，但是自然条件却十分恶劣，经济形势不是太好。因此，过去长期的低成本时代已然一去不复返，人类正式进入石油高成本时期。

此外，美国能源形势也令人担忧：石油供应越来越依赖于进口，而且这种依赖性还伴随着成本和价格的差异日益加深。美国人本土石油可满足 80% 的国民需要，本土石油每桶售价约 3.5 美元。剩下 20% 由进口填补，按照世界价格折算为每桶 2.0 美元。因此美国不得不设置非常复杂的配额制度来消除价差。在这样的情况下，如果美国想要减少对外依存度，平衡本土价格和国际价格，同时鼓励中东以外地区的石油生产，解决方法显而易见：提高世界原油价格。

我之前在《新石油危机》（ Le nouvel enjeu pétrolier ）一书中已经谈到过，自 1973 年起，石油生产成本的翻转及美国价格的失衡使欧佩克成员国要求提高价格的呼声更加高涨，第一次石油冲击的条件皆已经具备。

1973 年 10 月 6 日，埃及和叙利亚向以色列发动攻击。这场战争也称为第四次中东战争。10 月 16 日，阿拉伯石油输出国组织公开支持埃及和叙利亚，决定首月直接减少 5% 的石油出口，之后每个月在上月基础上再减 5%。另外，鉴于美国和荷兰对以色列的友好态度，该组织禁止成员国向美、荷出口石油。这也是历史上第一次石油成为了政治武器。

阿拉伯石油输出国组织的做法引发了全世界的恐慌。一些国家甚至开始限制汽油和汽车。美国随时准备军事干预。过去的世界实力对比一下子被推翻，石油出口国指点江山的时代降临了。1974 年初，禁运被取消，石油生产重回正轨。然而 1973 年最后一个季度发生的事件却让人们开始重新审视游戏规则。从此以后，在价格方面，将是能源出口国单一制定价格，无须征求石油公司的意见。价格监管权也从同业联盟转移到了欧佩克组织手上。1974 年 1 月 1 日，石油官方价格比 1973 年的价格翻了两番：11.65 美元 / 桶（沙特阿拉伯的原油参考价格为每桶 3 美元）。第一次石油冲击全面爆发。当时西欧面临经济大幅度下滑的境地，深陷于经济危机的泥潭，"30年荣耀"接近尾声。在这样的形势下，第二次世界大战后第一次出现了全球石油产品消费在连续两年呈下降趋势的情况。在这段时期里，欧佩克的石油收入实现了前所未有的增长：1973年230亿美元，1975年920亿美元。这些石油美元一部分用于消费支出，极大地刺激了石油输出国的消费需求，另外一部分进入了国际金融系统。

自第一次石油冲击以来，欧佩克国家的消费水平逐渐提高。它们自认为是价格的主人，可以随意调节价格水平。不少国家因此重新掌握了本土的资源、创建了国有石油企业。石油钱令人眼红，促使石油生产转向新土地。第一次石油冲击也在中东地区引发了新一轮骚乱。1978年10月，伊朗沙王被推翻。1979年9月，伊拉克与伊朗因为领土纠纷兵戎相见。1979年至1982年间，由于伊朗-伊拉克战争，再加上通货膨胀和市场压力，欧佩克国家购买力下降，石油输出国决定再一次上调价格。这是第二次石油冲击。在这三年间，价格翻了一倍。对于经济增长和全球经济来说，第二次石油调价幅度过高，远远超出各经济体的承受范围。欧佩克成员国也过于高估自己的能力。石油不再是按约出售，需求的疲软使原油价格很快又回到了合理的水平。

两次石油危机建立了一个新的国际石油秩序。欧佩克组织从大石油企业手中抢过来一定的监管权。但是这部分监管权十分脆弱，因为它的行使必须依托于国际经济形势。第二次石油危机和石油需求下降之后，欧佩克的权力开始萎缩。我们感觉到石油价格似乎成为了一个独立、外生的变量。但是，1988年，石油价格崩溃，跌出了欧佩克成员国能接受的水平。从那天起，欧佩克组织好像重新掌握了市场监管权和制定原油价格的权力，当然，前提是这个价格水平或多或少要与全球经济利益保持一致。

历史上的石油战无一不激烈，现在也如是。至于原因，一部分将在后面的石油经济问题中得以解释。

任性的核能：幻觉、危机和承诺

"原子和平"计划是1953年12月8日，美国总统德怀特·戴维·艾森豪威尔（Dwight David Eisenhower）在联合国大会发表演讲时提出的，是人类历史上第一次尝试大规模建立核电站。在演讲背后，其实暗藏着美国人想要保持技术领先地位，控制核技术相关信息传播，阻止新成立的国家通过发展民用核能而获得核武器的意图。20世纪下半叶，核能蓬勃发展，欣欣向荣，然而有关民用核能和军事核能的舌战也从未熄火。

在美国，通用电气（General Electric）和西屋电气（Westinghouse）着手研发为潜艇驱动供电的核反应堆。基于这个试验，这两家公司发明了第一代核电站。其中，通用电气开发了沸水反应堆技术（BWR），西屋电气则是压水反应堆技术（PWR）。

为了鼓动更多电力公司加入核能行业，通用电气和西屋电气采取了主动进攻的营销战略。它们高瞻远瞩，认为未来行业形势一片大好，而且考虑到能源行业的性质，若是客源源源不断，基本上就能自动形成规模经济，所以一开始它们定价很低。对于电力生产商来说，这笔"现买现用"的买卖非常有诱惑力，更何况核能发电每千瓦时的成本还远低于其他能源形式！①

法国和英国在美国之后也掌握了制造核武器（原子弹）的技术知识，却在运送足够数量的富铀时遭到了美国的否决。为了避开美国的阻挠，英法两国转而研发原铀反应堆，由此获取了钚，并发明了新的核反应堆：法国是铀-石墨反应堆（UNGG），英国则是Magnox反应堆。英法第一批核电站于1956年正式连网、投入使用。至于苏联，它早在1949年就成功地进行了原子弹爆炸试验，拥有充足的富铀并大力开发富铀-轻水堆。1958年，苏联第一座核电站投入使用。最后，加拿大和其他国家不同，它并没有参与军备竞赛，而是凭着国内大量的铀矿，一手设计了自己的天然铀-重水反应

---

① Ford Foundation. Nuclear power : issues and choices. Ballinger, 1977.

堆（Candu 型堆）。

美国想要独占原子能的愿望就这样落空了：接连四个国家都拥有了核反应堆，其中三个还明显对核武器更有兴趣。不过无论怎样，它们核项目的资金既然是取之于民，也需用之于民。总之，一国发展核武器和争取能源独立的意愿远远超过了发展经济的念头，核电产业就在这样的环境下成长起来了。甚至加拿大也认可并追随了这样的思维逻辑，毕竟印度和巴基斯坦都一致选择了 Candu 型重水反应堆来发展民用核能。但是后来这两个国家不满足于现状，对核武器虎视眈眈，才让加拿大切断了对其的技术支持。

核反应堆之战

在 20 世纪 60 年代和 70 年代，国际核能行业发展过程最突出的一点就是各反应堆之战。各大企业，无论是国企也好私企也罢，都认为自己的技术是最好的，想要独占市场。法国就是个典型的例子。法国自己研究的石墨气项目由于技术原因而被迫中断。这在法国内部引发了一场争论：一方是法国原子能总署（CEA）——一个致力于发展本土科技的公共科研机构，另一方是法国电力公司（EDF）——公共电力垄断者。后者从技术和商业成熟度的角度出发，更加倾向于在美国的指导下建立沸水堆或压水堆。两大公共机构对此僵持不下，最后只能把各自的方案提交给国家最高机构并由其裁决。戴高乐总统表示支持法国自立自强，发展和使用自己的技术。但是1969年戴高乐一卸任，天平又开始倒向法国电力公司，后来继任的乔治·蓬皮杜总统（Georges Pompidou）和瓦雷里·吉斯卡尔·德斯坦总统（Valéry Giscard d'Estaing）都更加赞同法国电力公司的说法。待最后一座石墨气冷堆核电站（原子能总署专利）建成后不久，法国电力公司就被批准引进美国技术了。而原子能总署则被赋予了研发第二代核反应堆的任务：增殖堆（或称之快中子堆）。法国人希望第二代反应堆的生产力能优于第一代。之前法国原子能总署已经尝试建立了两座增殖堆样堆——"狂想曲"（Phapsodie，1962）和"凤凰"（Phénix，1966，250MW），成效都不错，所以法国于1975年又开始着手进行商业反应堆——"超级凤凰"的建设工程。该反应堆于1986年连网，一路上遇到了很多技术难题，最终被若斯潘政府（Lionel Jospin）宣布停用。

法国电力公司在沸水堆和压水堆之间举棋不定了很久，最后选择了西屋电力的压水堆。第一次石油冲击更让法国坚定了发展核能的决心。1974年3月，法国政府决定以超高速跟进此项目，每年安装六个900MW的发电机组。这在世界上史无前例，一家电力垄断企业竟敢给自己设定这样野心勃勃的目标，在如此短的时间内把手下的电力生产园区都替换成核电站！

因此，从1975年起，世界诸国纷纷引进美国、加拿大、俄罗斯的核电站建造技术，西屋电力公司的压水堆一时风头无两。而法国公司Framatome、德国公司KWU和日本三菱（Mitsubishi）有时也会出面指导压水堆技术。

核危机

对于科学界的一部分人来说，核能将是未来的主流能源。它如此廉价，以至于所有计量工具都没有了用武之地（too cheap to meter）。看到法国如此大力地推进核项目，同时遭受来势汹汹的石油冲击，不少国家毫不犹豫地打出了"全核能，全电力"的口号，希望利用核电来应对国民日益增长的能源需求（电热器、电动车）。事实上，核能的发展已经到了瓶颈期。除了技术、经济问题层出不穷之外，一些国家的公共言论也明显表示对核能的抵抗，毕竟炸毁了广岛和长崎的两颗原子弹，即使在结束了第二次世界大战许久之后，也仍然给全世界留下了深刻的阴影。

核危机在美国率先爆发。第二次石油危机减缓了石油需求的增长速度，美国不得不重新考虑减少核设施建设项目。技术难关和成本上升也加强了这种趋势。因此，自1978年到2004年，美国不曾有过新核电站建设工程。1979年，三里岛事故过后，1978年前下的50个订单也都被取消了。

在世界其他地方，核能的发展情况反差明显。在法国，1974年启动的核项目已是硕果累累：从1981年到2000年间共有 52 座核电站投入使用。虽然这个项目体量过大，在满足了本国电力需要之后还有盈余，但幸运的是，法国可以把超额生产的一部分电力出口给英国、意大利和西班牙。目前，日本有 53 座核电站，苏联（俄罗斯、乌克兰、立陶宛）45 座，英国 33 座，加拿大 21 座。然而全球对核能初期的狂热已经开始一点点平息下来了。一些国家的新核电站建设工程也因为技术、经济或资金问题而被迫中断，比如巴西、阿根廷、英国和日本。另外在一些有核国家，民众纷纷走上街头抵制核能。民调的结果就是国家决定暂缓核项目，有些甚至决定"脱核"，关闭所有的核电站。其实民众反对核能主要有三大原因：一是害怕核事故的发生，尤其是在 1986 年乌克兰切尔诺贝利核爆炸事故和 2011 年日本福岛核泄漏事故过后；二是核废料长期储存的技术问题及开放合适的储存场所[①]问题；三是拆除核设施的技术、经济问题。这也解释了为什么核能发电的贡献率在每个国家都不相同：法国 75%（58 座核电站），比利时、斯洛伐克约 50%，瑞士、瑞典 40%，日本、德国 25%，芬兰约 30%，美国、英国约 20%，印度 3%（19 座核

---

① 这一主题可参见 Aude Le Dars. Pour une gestion durable des déchets nucléaires. PUF/Le Monde, 2004.

电站）。①

21世纪初，全世界共有440座核电站正在运行（表1-1）。其中有些由于不满足国际安全标准，被关闭或翻修。剩下的核电站只要资本补给到位、安全监控得当，则将运行很久，甚至远远超出原来预定的使用寿命。因为这些核电站分布在世界各地，所以它们的问题称为差别化的地缘政治问题。

重振核能？

虽然美国自1978年以来就不曾再有新的核电站的建设工程，但其现存的核电站的生产效率却得到了前所未有的提高。此外，尽管安全标准越来越严格，其核电站的使用寿命却一直在延长。振兴核能行业这个概念也明明白白地写入了小布什的2001年计划。但到目前为止，该计划有一些发展，但是由美国联邦能源局（DOE）直接负责的开放尤卡山储存放射性核废料一事却被无限期搁置。虽然行政手续已经被简化了，但是电力公司似乎还没有完全准备好投身于新核电站的建设工作中。其中涉及很多原因：电力行业放开管制后一片混乱，市场风险极高；煤炭发电、尤其是2009年发现的页岩气发电还具有很强的市场竞争力；核设施非常脆弱。

---

① 原子能总署每年都会统计世界的核电站分布情况，参见Elecnuc．les centrales nucléaires dans le monde.

在欧洲，情况十分复杂。法国和芬兰正在建设两座核电站。有些国家不想再接触核能；有些决定不再更新它们的核电站（西班牙、比利时）；有些决定"脱核"，关闭核电站（德国、瑞典）；也有一些坚定了发展核能的决心。芬兰的情况非常有意思：2002年，私营电力公司TVO在得到政府和议会双绿灯后，为建造新的核电站向国际招标。2003年12月，TVO宣布阿海珐-西门子[①]（Are va-Siemens）财团的欧洲压水堆（EPR）竞标成功。这是欧洲自1993年以来第一个核电站订单。欧洲压水堆技术是法马通公司（Framatome）和西门子在20世纪80年代末研发的，符合德法两国的安全标准。由于德国"脱核"和法国的超装机容量，欧洲在1993年到2002年间就再也没有建造过新的核电站。继芬兰的订单之后，法国电力公司紧接着也下了一个订单：在弗拉芒什维尔（Flamanville）建造欧洲压水堆核电站。2004年，八个东欧国家加入欧盟，欧洲核能版图也发生了新的变化：一些核电站由于安全问题必须关闭，同时一些新的核电站可能落户捷克、斯洛伐克、保加利亚和波兰。

世界上其他国家，比如印度、韩国也以自己的速度推进着核项目。在印度和中国，能源需求涨幅惊人，然而核能的

---

① 阿海珐是由2001年Framatome（核电站建造和维护）、cogema（核燃料生产和再处理）、CEA-Industrie三家公司合并而成，由法国国家控股。

使用比例还非常低，核电生产力的提高很大程度上取决于资本投入。至于俄罗斯，它拥有极为丰富的天然气资源，核能贡献比例也有15%。在切尔诺贝利核电站事故后，俄罗斯绞尽脑汁给自己的核技术"重新镀金"，希望把最新的核电站建造技术输送到国外。该计划在土耳其已经得到了很好的发展。

表1-1 世界核电站分布（2010年）

	装机功率/MWe	反应堆数量	核能的贡献比例
欧洲	170366	196	23%
法国	63130	58	75%
英国	10137	19	16%
德国	20490	17	23%
瑞典	9303	10	38%
西班牙	7514	8	21%
芬兰	2716	4	29%
斯洛伐克	1816	4	53%
捷克	3678	6	33%
瑞士	3238	5	37%
匈牙利	1889	4	42%
保加利亚	1906	2	33%
比利时	5926	7	48%
乌克兰	13107	15	47%

续表

	装机功率/MWe	反应堆数量	核能的贡献比例
俄罗斯	22693	32	16%
北美洲	113174	121	18%
美国	101240	104	20%
加拿大	11934	17	14%
亚洲	84748	113	7%
日本	46821	54	26%
韩国	18698	21	30%
印度	4189	19	3%
其他	6344	10	1%
全世界	374632	440	13%

数据来源：ELECNUC（2001），et BP Statistical Review World ENERGY 2011

因此，煤炭、石油、天然气、水电和核电等商业能源的全球化发展是20世纪重大事件的推手之一。它们取代了传统能源，使人类正式告别了自给自足的小农经济。能源，无论从流动来看还是从技术来看，都逐渐从地方走向了世界。它已经成为各国增强经济实力和军事实力必不可少的工具。能源的政治经济也因此成为了各国抢夺能源和财富的矛盾之源。

根据一些科学家对20世纪50年代的猜想，几大能源应该是轮番上台：先是石油接替煤炭的位置成为了主流能源，再是天然气，最后是核能。但是事实却否认了这种观点，并确认了在能源领域，即使是学识渊博的科学家的言论也不能尽信，因为他们也许会低估经济、金融的约束条件。尽管目前能源行业还是以三大化石燃料为主，但是已经开始显露出多样化的苗头。2030年或2050年的能源构成将发生极大的变化，呈现一派百花竞放的新气象。但我们也要理解，能源行业的转型将是一个缓慢的过程。

20世纪出现了一个新局势，那就是能源及其相关社会成本的全球化。煤矿塌方、大坝崩塌是属于地方事件，但一地、一国发生的核事故、漏油事故、温室气体排放却可能影响周边诸国。因此新的全球治理、监管模式亟待建立。

整个20世纪的能源发展历程都引发我们去辩证地分析。能源发展背后是复杂而多变的实力对比。人与人之间的冲突，思想与思想的碰撞，矿工工会与雇主集团的对立，政府间的矛盾、战争、抵制运动，企业之间不正当的竞争。有时候休战和结盟暂时平息了抗争，但是只有在分析各大参与者之间实际的力量对比后，我们才能真正地以发展的角度看待能源历史。在这整个时期，美国的影响力举足轻重。它曾是石油、天然气、核能和页岩气行业的领头羊。它不像世界上其他诸国，由国家主导大政方针，而是给了私企充分的自由和空间，让其独当一面。

我们将看到新一轮舌战即将冲着现在和未来开火：市场

机制和不同形式的监管模式之间的关系，能源消费增长和保护环境之间的冲突，高能耗的发达国家与世界一部分无法享受能源和经济发展成果的民群之间的对立。

第二章
欧洲能源市场自由化之战

　　欧洲能源市场的放开管制，尤其是电力和天然气市场的自由化进程在欧洲能源界刮起了一阵大风，撼动了几十年未曾改变的工业组织结构。过去政府垂直整合垄断的组织形式遭受考验。行业价值链解构、重组，市场竞争机制开始在这片大陆生根发芽。新的组织模式已然浮现，但是还没人知道怎么去评估其表现。

　　能源市场自由化之战是欧洲建立统一市场必不可少的一步。所谓自由的市场，必然是建立在竞争的基础上，而第二次世界大战之后国家干预市场的模式被大多数国家所采纳。在这样的大背景下，欧洲国家就不得不退出市场，允许市场在资源调配中发挥决定性作用。显然，这一步棋走得不会太顺畅：放开市场直接影响到既得利益，放开市场需要建立在经验、创新和工业集中的基础上，放开市场涉及建立复杂的市场和新型的监管机构。我们无法完美地预测这项运动的未来演变情况，所以理解转型过程中各方的力量对比和评估企业、公民作为消费者、工作者和纳税人在这场转型中的收获就显得尤为重要。

现在正在进行中的这场变革，离成功还很远，为此我们始终要保持审慎的态度，尽量避免过于尖刻的评价，尤其是要拒绝教条主义。我们要建立的是一个崭新的世界，没有前例可循，我们的使命就是要设计出为公民造福的组织模式。我们不能决然地说市场自由化是好的还是坏的，因为说到底它也不过是欧盟条约自然引申出来的产物。

国家与市场的长期战

第二次世界大战后，欧洲工业废墟一片。一部分被战争摧毁，剩下的一部分尚未脱离经济大萧条和第二次世界大战期间极低的投资水平的影响。对于许多欧洲人来说，资本主义制度就是危机、失业、战争的始作俑者。所以，当务之急就是由国家宏观调控经济，把经济部分地社会主义化，甚至可以从资本主义直接过渡到社会主义。凯恩斯主义开始流行起来：通过增加政府支出，刺激需求、促进经济增长和创造就业、减少失业。这就是公民们心目中的"福利国家"，由国家承担经济管制、教育和社会保障等多项职责。国家的行动也因为大型国企的存在而变得更加高效。当然，这些国企需要参照社会主义模式进行组建。

在这样的意识形态下，国家应该占据经济的制高点，正如丹尼尔·耶金（Daniel Yergin）和约瑟夫·斯坦尼兹瓦夫（Joseph Stanislaw）在《制高点：世界经济之战》一书中分析的那样。[①] 在第二次世界大战后，国家被赋予所有的美德，而市场被世人厌弃，被视作万恶之源。

能源在欧洲战后重建中起了重大的作用。随着国家干预主义的势头越来越盛，好几个国家都收回了煤炭、电力、燃气三大工业，其中就有法国、英国和意大利。至于石油行业，它主要由石油公司把持，其中有一部分是由国家控股，比如英国石油公司、法国石油公司、诶尔夫、埃尼。当时只有西德没有跟风。西德在以美国为首的同盟国集团的控制下维护私企的利益。德国也因此创造了自己独特的发展之路——"社会市场经济"模式，也就是所有的决定都必须建立在资方和工会磋商达成一致意见的基础之上。

国企在战后重建和现代化过程中表现得非常高效。它们既象征着现代化、公共服务和国家最高利益，还是公众最理想的工作单位，也因此打下了极强的品牌辨识度。它们也像

---

① D. Yergin, J. Stanislaw. The commanding heights. The battle between government and the market place. That is remarking the modern world. Simon & Schuster, 1998. trad. Fr. La grande bataille : les marches à l'assaut du pouvoir. Odile Jacob, 2000.

政府部门一样保证就业，但从技术、现代化和企业管理层面上来说又技高一筹。英国燃气（BG）、法国电力、法国燃气（GDF）、诶尔夫、埃尼及其子公司阿吉普石油（Agip）都曾一度被奉为能源行业效率、活力、技术的代名词。

30年荣耀（1945—1975年）是欧洲现代化建设、经济繁荣的黄金时代。当时的经济增长率和通货膨胀率很高，而失业率极低。欧洲各国政府牢牢地掌握着经济的操纵杆，利用凯恩斯主义的各项工具减少失业，希望建立起一个永恒的、高效的福利国家。每个国家都有自己的货币、税收和工业政策。法国和荷兰等国还设计了复杂的计划经济体制。当然这并不是命令式的计划经济，而是一种指示性的计划形式，旨在减少不确定性。当时的经济学家都坚信一切经济活动都是可调节的，而且经济模型越精细，越能帮助他们理解经济的每个齿轮、预测未来和适时地做出经济政治决策。在这段幸福的时光里，数百万家庭都装上了冰箱、中央空调、洗衣机、电视、音响设备和电话。也是在这段时间里，汽车、冬季运动和出国旅行成为了大众消费品。人们对未来充满了希望，社会也逐渐地迈向富裕。那个时候，"失业"一词是如此的陌生而遥远。即使在1968年5月的大抗议中，"失业"也不曾出现在反对者的演说词中。人们是如此自信，认为即使出现了失业，他们也能打倒它。就像1972年罗马俱乐部在其《增长的极限》这一报告中所说的那样，他们可以放慢增长的速度。

20世纪70年代初，第一次石油危机爆发前夕，欧洲经济增长滞缓的迹象初现。大多数家庭基本上已经安装完毕现代化家用电器，因此经济增长的其中一驾马车——生产资料的需求开始出现疲软。在工业领域，照着《20世纪的危机》的作者让-诶尔维·罗伦兹（Jean-Hervé Lorenzi）、奥利维耶·巴斯特（Olivier Pastré）和若诶尔·多勒达诺（Joëlle Toledano）的原话来说，那就是"生产力所能创造的价值已经到了极限"。[①] 如此，经济增长的两驾马车已经崩坏，第三、第四驾马车却无力接过重担。无论是政府预算还是政府支出，都无法刺激经济。要知道，凯恩斯模型都是建立在封闭经济体的条件下的，如今随着经济体越来越向外开放，这些模型自然失去了一部分可行性。这时候，无论是左派政府上台还是右派政府执政，都已经无法遏制失业率无休止地上升。因此，人们开始对构建战后经济的宏伟蓝图失去信心，开始怀疑正在使用的经济政治手段，一场信任危机由此展开。

英国的信任危机首先是由一小撮拥护保守派上台的经济学家引发的。他们从著名的奥地利经济学家弗里德里希·冯·哈耶克（Freidrich von Hayek）的思想中找到了灵感，

---

① J-H Lorenzi, O. Pastré, J. Toledano. La crise du XXe siècle. Economica, 1980.

打出了反对凯恩斯主义，保护市场的旗帜。[①] 市场又一次对上了政府。1974 年，撒切尔夫人成为了保守派的第一把手。她痛斥英国工党政府，认为其是造成经济危机、财政危机和工业危机的罪魁祸首，并表示会对经济政治进行一次彻底的洗牌。1979 年保守派赢得了大选，撒切尔夫人成为了英国首相。她坚信英国经济的两大弊病就是政府的全权垄断和工会的近乎垄断。她谴责前两者是经济丧失效率的始作俑者，并列举了其"斑斑劣迹"：维持并发展一些不出产的岗位，加大了通货膨胀的压力。一开始，撒切尔的行为言辞并没有得到内阁的支持，而后这位"铁娘子"在欧洲率先发起了国企自由化的运动。想当初，大不列颠曾是战后宣扬国家文化的第一人，如今却又重新推翻了政府干预市场这种模式。而且特别有意思的是，在 20 世纪 80 年代初英国开始浩浩荡荡地开启了私有化改革，而其兄弟国家法国却在社会党首领——弗朗索瓦·密特朗（François Mitterrand）的带领下继续扩张国有化的版图。

1981 年英国的能源行业迎来了政府的第一条指令，那就是卖出英国燃气公司旗下 900 家展示燃气设备的商铺。该消息一公布立刻引起了民众的强烈反应，大家认为这将破坏英

[①] D. Yergin, J. Stanislaw. le moine fou.

式的生活理念。起初英国政府惧于民意退缩了，但是短短五年过后，也就是1986年，出售英国煤气公司就成为了板上钉钉的事儿。

　　此间，曾爆发了历史上规模最大、影响最深远的矿工示威活动。从1972年到1974年，矿工罢工频繁发生，国家不得不宣布进入紧急状态。此外为了省电，工作日也缩短成一周三天。1974年的那场示威更是直接掀翻了爱德华·希思（Edward Heath）为首的保守派政府。

　　1980年起，撒切尔政府试图让议会通过缩减工会权力的法律，尤其是削弱其组织示威的权力。1984年3月，政府正式进入实施阶段：英国煤炭局（National Coal Board）发布了一项重组方案，宣称将关闭不能盈利的煤矿、削减产量并裁员两万。立刻就有民众上街游行，表示抗议。而且这场示威运动很快就蔓延到了全国各地，愤怒的工人们甚至还与警察开展了猛烈地搏斗。这场轰轰烈烈的罢工持续了整整51周，最终以政府的胜利告终。撒切尔夫人因此被冠上了"铁娘子"的称号。这场抗议运动，其社会成本和经济成本极为高昂，但是最终的结果还是令这位女首相满意的。如果我们拿英国这个例子和上章讲过的法国煤矿倒退方案做个比较，结果应该是非常有意思的。然而定量地计算社会成本是非常难的。矿工这个职业从本质来说就是非常艰苦而危险的，但是每次关闭煤矿对于工人来说就像是一次个人和社会的灾难。这一点在电影《铜管乐队》(*The brass band*)和《航海家》(*The navigators*)中被演绎得淋漓尽致。

撒切尔成功压下矿工罢工事件后,又开始着手国企改私企的方案。这次面对的主要是一些网络工业,比如说通信、铁路、水电和煤气。能源行业成为了铁娘子第一个开刀的对象。当时英国燃气的风头极盛,享有"英国女王最美的珠宝"之美誉。而且其年利润相当可观,是英国财政重要的收入来源。当时几大有名的评论家还戏称英国燃气一旦私有化,光是现金流都能堆成一座布朗峰。其他国家退出市场的操作也随之而来:卖出北海油气的政府股份,卖出政府持有的英国煤炭和英国石油的股票,中央电业局国改私。中央电业局是垄断英国和威尔士电力的一家国企,本次整改过后,被拆分成三家电力生产企业、一家运输企业和十二家地区分配企业。

英国在20世纪80年代初的这个转变是非常具有象征意义的,因为它部分地预见了其他欧洲国家在20世纪90年代中期,也就是采纳欧盟的气电指令后将会展开的行动。虽然英国1973年才加入欧盟,但是它深谙欧洲一体化的经济逻辑,甚至比一些欧盟的元老国家看得还要通透,那就是统一的欧洲版图必须建立在竞争的基础上。英国燃气这家昔日的英国的电力霸主重整股份国改私之后,又被分解成好几家小公司。为了保护公民的利益,英国政府就设置了一些监管部门。就这样，过去垂直整合的垄断企业就宣告了灭亡，国家和市场关系迎来一个新开端。政府干预市场的概率大大降低，而市场和竞争的角色被大大加强。在新电气系统的组织实验研究上，英国人也是远超其他国家。英国和欧洲其他国家唯一的不同就是私有化企业的同时也放开了市场，而欧盟并没有对所有权作出规定，因此即使在保持国企的地位不变的情况下，各国也可以建立自由的市场。

欧盟成员国的能源多样性

每个欧盟成员国都有各自的历史，其本土能源资源的拥有情况也各不相同。如果我们一个个比较这些国家，我们将会惊奇地发现各项能源的比例、工业结构、国家扮演的角色、国家对进口的依赖情况在不同的国家展现不同的面貌（表2-1）。如今的自由化进程虽然协调了一部分差异，但是一些民族特性和重点仍然存在。

表2-1 部分欧盟国家2010年的初级能源消费情况和能源依赖度

国家	石油当量/百万吨	石油	天然气	煤炭	核能	氢能	非氢可再生能源	能源依赖度*
德国	322.4	36	23	24	10	1	6	59.78
西班牙	149.2	48	21	7	9	6	8	76.69

续表

国家	石油当量/百万吨	石油	天然气	煤炭	核能	氢能	非氢可再生能源	能源依赖度*
法国	251.8	34	17	4	38	6	1	49.30
希腊	31.7	59	10	23	0	5	2	69.11
意大利	173.1	42	40	8	0	7	3	83.78
荷兰	100.5	50	39	8	1	0	3	30.69
葡萄牙	25.5	49	18	7	0	15	11	75.45
英国	209.0	35	40	15	7	0	2	28.27
瑞典	50.7	30	3	4	26	30	7	36.53

* 能源依存度是指能源进口与总初级能源消费量的比

数据来源：欧洲统计局（Eurostat）

能源平衡表展示每个国家的能源消费水平和不同能源的贡献比。从整体上来讲，欧洲国家的单位 GDP 能耗在第一次石油冲击过后就大幅下降，经合组织地域内的跌幅更是达到了 30%。各国的能源结构也不尽相同。比如说，希腊几乎是靠进口煤炭和石油撑起了一个国家的能源消费。而在法国，核能的使用比例高到了不可思议的水平。一些欧洲国家自给自足，甚至还有一些国家实现了能源净出口，比如说，丹麦；但是也有一些国家全靠进口维持生计，比如说葡萄牙、爱尔兰、意大利和卢森堡。我们之前也提到过，到了 2030 年，欧洲对进口石油和天然气的依赖将会加剧，能源供应安全将被重重地打上问号。

除了各国能源预算表内容迥异之外，欧洲各国的能源文化也是千差万别。我们就拿法国和德国做个例子。在法国，政府和国企把持着能源战略部门。这也是法国之所以能在20世纪70年代发起如此大规模核项目的原因。而德国恰恰相反，大大小小的电气公司林立，其中大部分是私企或合资企业，这些公司还经常是地区寡头，因此德国能源市场自由化政策非常难以实施（框文2-1）。而水、电、气的输送则由好几家市政企业合作完成。所以从法德对比中，我们能看到一系列差异，无论是国家相对于地方行政机构的分量还是公共机构相较之私营企业的比例。

框文2-1　德国地方官办企业如何应对自由化潮流

德国电气市场的自由化进程被一些政治家寄予了厚望：既能够颠覆分配组织形式，又能保证市政企业数量从1970年的970个快速减少到2005年的200个。但实际上，这只是黄粱一梦，德国市场的自由化程度依然不高。

开放分配网络

德国决定设置监管员以确保第三方是以正当、透明的方式进入分配网络，并出台了分类计价的政策，借此带来更多的透明度和竞争性，但此法并不适用于客户数少于十万人次的企业（主要是官办企业）。

所有权结构

大部分能源分配公司是由各级行政机关控股的（截至 2003 年，私营分配企业仅占 12%）。因此能源分配公司是一笔数量巨大的资产，其经营管理往往会招致激烈地争论。这些地方政府兼财主可以选择全部或部分地出售资产或继续在自由市场下从事经营活动。因此，德国能源的第一招牌——意昂集团（E.ON）通过其子公司慕尼黑图格（Thüga）在近 130 家地方官办企业投资。这也是意昂集团之所以能够干预从供应〔舒克集团（Ruhrgas）〕到分配（地方官办企业）整条价值链的原因。

展望

如果这些官办企业想要保持自己的独立性，它们就得减少政治决策带来的影响，但这又和企业的性质背道而驰。唯一的可能性就是通过第三方参股或政治家自由约束措施。此外，它们必须为营造市场条件提供一部分服务费用。对于一家现代的地方官办企业的管理者来说，他们必须保障企业股东在长期的利益。遵循市场规律将是这些企业为追求良性发展而迈出的第一步。

数据来源：剑桥能源研究协会（CERA）

各国的能源文化也反映出了各国的战略要点：就像核能之于法国，天然气之于英国和荷兰，煤炭之于德国。最后，论及各国对能源问题的政治敏感度，我们需要考虑欧盟的个别国家对核能排斥甚至寻求"脱核"的态度，而有些国家恰恰相反，大力发展民用核能。

2004年又有10个国家加入了欧盟，自此欧洲大陆的能源多样性又上升了一个新高度。8个东欧国家的加入更是加深了欧盟的忧虑：对俄罗斯天然气的依赖，温室气体的排放和核危机。

- 天然气，尤其是产自俄罗斯的天然气在匈牙利、斯洛伐克和捷克三国的能源平衡表上占据着举足轻重的位置。而且从长期来看，这三国对俄罗斯的依赖将只增不减。
- 8个东欧国家继承过去高GDP能耗的发展模式。其人均温室气体排放量都高于欧洲平均水平。温室气体排放许可制度应该可以改善这一情况。
- 6个国家崇尚使用核电，因此它们的加入将给原欧盟15国增加18座核电站。18座核电站相较欧洲原有的142座核电站来说不值一提，基本上没有改变欧盟的核问题。而第一个核问题就是这些运行的核电站中存在着一些安全不达标的核电站。如果能快速解决这个安全问题，关闭有隐患的核电站，那么自然而然就可以迎来建设新核电站的机会。

尽管欧盟内部存在着较大的差异，但是欧盟各成员国对未来能源发展的目标都是一致的，那就是保护环境、改善能效、扩充能源平衡表、能源供应安全。

火力全开的欧盟

当 1957 年欧盟六大创始国签署罗马条约时，其政治初衷就是避免战火、建立欧洲统一市场。它们可能没有立即想到这项条约在长期带来的经济影响。因为所谓统一市场，就意味着人员、货物、资本和服务将在整个欧盟边境内实现自由流通，所有阻碍自由流通的因素都将被拔除。该市场运行的基础原则就是竞争。但是当欧盟各国真正面临执行这些规定的时候，它们发现了其中的棘手性。诸如法国那样奉行国家干预市场模式的国家一下子无法接受这些强制性规定。在玛丽-安娜·福瑞森·罗什（Marie-Anne Frison Roche）笔下："欧盟的法律从原则上来说并不享有法律效力。其合法性完全来自于其目标：建立一个竞争的内部市场。欧盟法律并非高高凌驾于国家之上，相反，它处于市场的下游。"[1] 总而言之，一个原则，那就是竞争。垄断行为是极个别的。所有阻碍竞争的行为若无明确的解释都将被视作非法行为。

---

[1] M-A Frison Roche. Réflexions générales sur l'intervention de l'Etat dans la concurrence.1994.

欧盟委员会正是基于这些规定开始起草相关的文件和指令的。起初，各国的民族垄断行业并不是欧盟的主要目标。然而随着时间的推移，后者的目光就开始转向了网络产业（如电信、交通、电力、铁路、电视等）。这些行业的主要特征是其价值链的一些环节都属于自然垄断。

自然垄断和监管需求

19世纪初，随着第一条煤气管道通向城市的各照明系统，网络产业的组织形式问题开始涌现。首先是发现了一个不可分割的组合：自然垄断和社会福利或者是公共利益。自然垄断的概念主要是由演绎导出，经济学家能通过一定数量的技术因素，特别是规模经济证明由一家企业管理该经济活动会比多个同类企业一起管理要有效得多。在这样的情况下，维持垄断相当于就避免了不必要的二次投资。举个例子来说，那就是我们可不可能安装两条煤气管道或两条电线或两条下水道去给一栋房子供气、供电、供水？答案显然是否定的。

社会福利或公共利益这个概念的产生，则是出于政府担心垄断者为一己私欲而滥用权力。经济理论告诉我们，垄断客观上来讲要比竞争坏得多，因为垄断者往往会追求利益最大化而减产、提价。美国政府正是基于如此考量而在1890年通过了《谢尔曼反垄断法》，禁止一切垄断行为和垄断意图。但是该法案并不适用于自然垄断的情况。这就有了1877年一起粮仓案的司法判决。[1]这起官司内容如下：当时地区已有一个粮仓，这个粮仓也能满足整个地区的储藏需求。因此建立第二个粮仓则显得不经济了，两个粮仓之间的竞争将会使粮仓的使用率降至50%。考虑到第一个粮仓处于垄断地位，所以法官最终判决该粮仓定价必须受价格委员会的管制，以防粮仓主滥用垄断权。

这些因素的联合，正是说明了设立干涉或监管程序的必要性。这也是监管的意义。美国从19世纪就已经开始对以下三者进行严格的区分：一是受管制的工业，二是含自然垄断但受监管部门（联邦委员会或州委员会）监管的经济活动，三是其他不受管制但服从普通法、尤其是服从谢尔曼反垄断法的行业。

基于以上认识，各国设计了各式各样的关于自然垄断的管理手段。在美国，一般原则就是把这些行业都留给私企，同时设立较为复杂和有效的监管模式对私企加以约束。其他国家，尤其是欧洲国家和发展中国家，它们往往更倾向于把自然垄断行业归为国有资产。一个国有自然垄断行业的活动范围从此只能止步于公共利益。至于德国，它选择把自然垄

---

[1] A. Hadj Kadour, M. Nicolas. Réglementation des monopoles natrurels. Origines-fondements-remise en cause, CGEMP, Université Paris-Dauphine, 1994.

断行业私营化，尤其在水务方面，还建立起了特许、官办和委托管理的体系。而在法国，铁路网、煤矿、电力公司一开始都是私营的。之后国家出于监管、合理化改革、追求规模经济等因素收购了以上公司。

在美国，现行的大型网络产业的监管模式都遵循成本加成原则。监管部门非常关注自然垄断企业的成本并要求其创造的利润必须和成本或投资成比例。这种思想即为盎格鲁-撒克逊人所谓的公平收益率（fair rate of return）。但是从20世纪60年代起，这种监管模式就遭受了不少经济学家的抨击，比如阿弗齐和约翰逊（Averch & Johnson）。[1] 他们指出，成本加成原则并不能真正降低成本，反而会刺激投资，增加营销和广告的支出。到了20世纪70年代，出现了言辞更为犀利的评论。不仅监管模式和监管效率成为了被抨击的对象，监管部门的活动范围也饱受攻讦。这就是鲍莫尔、潘萨尔、威利格（Baumol, Panzar, Willig）等人的可竞争市场理论要

---

[1] H. Averch, L. Johnson. The behaviour of the firm under regulatory constraint. American Economic Review, n° 52, 1962.

处理的核心问题。① 所谓可竞争市场是指所有企业都可以自由地进出该市场；如果一个行业拥有足够的吸引力，那么该行业的大门永远向外面的人开放。这三位经济学家想要证明，即使是传统的垄断行业，只要具备一定的条件，都能成为可竞争市场。这些自由派经济学家想要传达的信息将深刻地变革传统网状行业的组织形式。这场运动将从美国一直蔓延到欧洲。

就像尼古拉·库里恩（Nicolas Curien）所解释的那样，我们在网络产业中发现了"二合一的结构：一方面是基础设施，另一方面是以前者为载体的送达的服务。这些服务主要有两大类：一是中介服务，其内在职责就是管理、优化服务在基础设施上的输送及分流；二是最终服务，其外部职能为满足使用者需求"。② 该定义能帮助我们更好地理解网状行业组织的逻辑。问题正出自工业经济（英文为 industrial organization，用法语 économie industrielle 来表达这个概念可

---

① William J. Baumol, John C. Panzar, Robert D. Willig : contestable markets and the theory of industry structure. Harcourt Brace Jovanovich, New York, 1982. Jean-Marie Chevalier. Les réseaux de gaz et d'électricité : multiplication des marchés contestables et nouvelle dynamique concurrentielle . Revue d'économie industrielle, n°72, 1995.

② N. Curien. Economie des réseaux. La Découverte, 2000.

能有些牵强），① 为每个经济活动（不仅仅是工业活动）找到最有效的组织形式：生产效率（成本最小化）、营销效率（销售价格能补偿成本），以及有可能的话，再分配效率。后者涉及价格调整等问题，因此与政治决策紧密相关。

以上分析结果促使我们去深入地探索价值链，去精确地区分属于自然垄断的部分和竞争性企业可操作的环节。如果我们追随这样一个逻辑：竞争是良性的、合人心的而垄断仅仅是个例，那么我们就应该不遗余力地引入竞争。这样一来，产业链的一些环节就变成了可竞争的，外部的企业也可以进入行业并带来新的竞争活力。

竞争机制第一次引入航空运输、通信和天然气行业是在20世纪70年代末的美国。我们注意到卡特（James Earl Carter）政府采取了和撒切尔政府完全不同的政策。1978年，美国国会通过了《航空解除管制法》（*Airline Deregulation Act*）。同年，《公共事业监管政策法案》（PURPA）鼓励企业独立地从事电力生产活动，希望借此改善能效和加强环境保护。这两项放松管制的法律更好地吸纳了民意，改变了对私企的监管模式。几年之后，撒切尔另辟蹊径，发起了企业私有化改革，却取得了更高的经济效率。

---

① 工业经济的相关词汇，可参见 Jean-Marie Chevalier（dir.）. *Economie industrielle des stratégies d'entreprise, op. cit.*

在欧洲的能源行业，欧盟委员会为了验证竞争的确能压低价格，开始要求价格保持基本透明。缺乏竞争、各国的价格差异事实上也反映了一部分"非欧洲成本"的存在，即欧洲经济体通过引入竞争来消除的成本。接着，欧洲花了十几年的时间围绕电气市场的自由化开展了激烈地讨论。直到1996年才通过了电力市场自由化法令，1998年天然气市场也放开了竞争。这个话题的政治、社会敏感度都非常强，因为它直接就否定了过去一直以来被人们视为完美无缺的组织模式（现在依旧是一些人心目中最完美的组织模式）。话题的中心是如何知道引进竞争就一定能实现法式的经济管理模式。这一过程非常漫长，历史还等待着欧洲去书写。但是我们已可窥见欧洲经济一体化的轮廓正在一次次的权衡与取舍（trade off）[①]中变得清晰。

1996年和1998年的电气市场自由化法令在2003年被重新修订，其主要的思想在于分割整条价值链，然后在每个环节都引入竞争机制。因为根据经济理论，竞争能够降低成本、降低价格、加快技术革新。这两条法令遵循三大核心原则：拆分经营活动（解绑）、第三方进入行业、设立独立的监管部

[①] "trade off"这个词，很难从中文中找到一个能完全表达源语言的说法，大概的意思就是在特定的一次磋商中，一方对另一方在某一点做出让步，但条件是能从其他方面获得补偿。

门。最终电气市场开放的进程表正式定稿。

神奇的"解绑"

"解绑"一词出现在欧盟的法令草案中总给人一种野蛮之感，甚至发明这个词的盎格鲁-撒克逊人自己也这么觉得。法语轻率地把这个词翻译成了"分解"，但事实上在新一轮自由化热潮中，它是一个关键词。如果我们想把竞争机制引入某个经济活动，那么，首先就要对该活动中属于自然垄断的环节与属于竞争的环节进行严格地剥离。所以，对于电力，我们需要分离生产、运输、高低压、货物供应及连同的服务。按照可竞争市场理论，市场自由化旨在价值链的上游，也就是生产环节的下游——电力的配送环节引入竞争。至于运输、高低压环节，由于其垄断性质，竞争机制无法发挥作用。

同理，对于天然气行业来说，生产和购买环节可以引入竞争，而运输、高低压和储存属于垄断范畴。

现在欧洲引进了分割经济活动的理念，当务之急是赋予这个理念具体的内容。第一步就是账户分开。根据1996年和1998年法令，企业必须根据不同的经济活动提交独立的会计报表。这样就能一目了然地看到竞争给每个经济活动带来的影响。但从鼓励竞争的角度看，如果仅仅只是会计解绑，管理没有解绑，那么前者并没有太大的意义。只有管理解绑了，才能避免上下游的经济环节出现交叉补贴及信息交换等干扰竞争的操作。发达国家凭借其丰富的经验提出了法律解绑的概念，也就是合法地分离不同运营商的经济活动，之后甚至还有了财产分割。以上都是英国煤气的演变历程，从起初的垂直整合垄断企业，到最后被拆分成三大业务不同的私营上市公司：上游企业 BG Group plc（勘探、生产）、Transco（高低压运输）、Centrica（煤气输送到终端）。

因此，"解绑"这个富有野蛮意义的词汇给传统的组织形式造成了毁灭性的后果。它以充分竞争的名义，质问垂直整合模式。简而言之，就是把交通独立出来由专门的运输网管理企业接手，比如说，运输系统运营商和分配网络运营商。这些公司管理、操作、维修电线和管道，并和监管者一同决定投资项目。

第三方准入行业——基础设施

第三方准入行业是市场自由化进程的第二大动力因素。它跟自然垄断和基础设施两大概念息息相关。后者指无须重复设置由全社会人共享的公共服务设施，比如说，高速公路、港口、机场。放开网络产业的竞争也扩大了传统意义上的基础设施的范围。从此，通信网、铁路网、电气运输网都归属于基础设施。过去，电力公司的资产包括高压线和电线中流通的电子，线路的维修则由电力公司一力承担。而今日有了运输解绑的概念之后，维护线路、管理网络的职能必须与电力买卖分开，有资格使用电气服务的第三方可以通过支付一定金额的租金（运输费加公平收益）就能选择心仪的供应商。鉴于这些经济活动具有垄断性质，所以必须对此加以约束，这就有了监管部门。1996年和1998年法令给出了两大选择：一是第三方准入监管模式，也就是说准入条件和运输价格必须在监管部门的监督下公开；二是协商模式。但是基于透明度和交易公平的考量，最后是第一种模式占了上风。在这个架构下最复杂的问题就是运输价格的决定机制。在电气行业，光是相关的理论研究和实践案例就能堆成一座山。真不愧是监管部门的一大心病。

管制、放松管制、加强管制

网络产业的自由战总是伴随着语义战。后者实在是无法避免也无法管理的，因为英语术语经常配有拉丁释义。这场变革的第一步就是把竞争机制引入可竞争市场，也就是我们所说的打开市场、放开竞争。接着，我们需要保证新组织体系的正常运行。这时就有了监管一词来指代所有对非竞争性市场部分，即对保持自然垄断属性的经济环节加以管制的形式。但是我们曾在引言一章中提到过，监管的词义从广义上来讲，不仅限于对自然垄断行业的监督，也包括对竞争情况的控制，甚至还指代对一些特定活动的整体指导。这种指导可以是地方级的、地区级的、国家级的，甚至还可能是欧盟级的、世界级的。

从狭义上讲，行业监管存在的价值在于监督网络行业中具有垄断属性的部分，特别是运输一块。进一步说，监管部门的首要任务主要围绕着"三大保证"：保证行业准入门槛和价格是透明的、无歧视的，保证必要投资能及时到位，保证企业创造的利润合乎公平的股东权益报酬率但又不超标。除此之外，监管部门积极变革的态度可能推动行业往竞争更加充分、效率更高的方向发展。这种身份类似于仲裁分配自然垄断行业、资深企业、新进入企业、股东、国家、消费者、大企业、小企业各自应得的收入。

至于第三方准入门槛内容及运输价格水平的决定机制，最常用的方法就是设置价格上限。[1]监管部门首先建立运输价格和行业准入的基本原则，然后和受监管企业约定使用的计算公式。比如说，在英国，采用的计价公式为 $P1=P0+RPI-X$。$P0$ 是基年价格水平，$P1$ 是第一年的价格水平，RPI（零售物价指数）反映通货膨胀率，X 是监管者与被监管者约定的效率因素。这个方程完美地避开了成本加成定价的弊端。

---

[1] L. David, J. Percebois. Les enjeux du transport du gaz et de l'électricité: la fixation des charges d'accès. Economies et sociétés, série Economie de l'énergie, n°1-2, 2001. Jean-Marie Chevalier, D. Rapin .Les réformes des industries électrique et gazière en Europe. Institut de l'entreprise, 2004.

价格受限于"天花板",企业的重心就转移到了降低成本上,因为一旦企业的生产效率超过了和监管者约定的 X,那么企业将实现超额利润。如今该监管模式凭借着技术优势,已经开始逐步取代成本加成定价法。在电力行业,价格也有可能包含公共服务费,比如法国。这点我们之后会回过来细说。

监管部门夹在各大对立势力中间,有时候还需要顶着各势力的高压,可见其履行监管职责是多么的复杂和困难。经济学家曾经探讨过这种"捕获"风险,甚至"持械抢劫"的风险。此外,监管者常常遭受信息不对称的问题:它监管的企业往往实力强大,拥有丰富的人力资源和隐藏手段。即使监管部门广泛地听取反对意见,这种不对称的问题还是很难消除。

欧洲最成功的例子当数英国放开天然气市场。当 1987 年撒切尔夫人决定私有化英国煤气公司时,也同时成立了煤气监管局(Ofgas)。[1] 这在当时完全是一个崭新的领域,使最初的私人垄断毫不费力地得到了原公共垄断的巨额收入。之后,监管者建立起对企业的威信。监管部门意识到只有摧毁企业的垂直结构才能引进竞争并粉碎垄断收入。这是第一个完全解绑案例,比天然气法令早了 10 年,在产业链各个环节都引入竞争将大大减少信息不对称性。经过几年的抗争、讨论

---

[1] 关于英国煤气公司的私有化进程,参见 M. Davidovici 的博士论文,CGEMP, Université Paris-Dauphine, 1997.

和协商之后，煤气监管局勒令英国煤气公司减少其市场份额，给新进入行业的企业生存的空间。如今工业产品消费者认为新组织形式能让他们在一个开放的市场获得天然气资源。但是要形成这个局面需要十几年的不断努力及监管者的铁腕手段。监管者和受监管企业关注的重点，除了效率因素 X，还有企业需要实现的投资性质和数目。但是处于垄断地位且服从 RPI-X 监管模式的企业并没有太多兴趣去投资，甚至可能会放任自由。

但并不是所有的实践都是一帆风顺的。克劳德·亨利（Claude Henry）就举出了英国电力行业监管的难点。他质疑监管部门相对于其他力量的独立性，并援引《阳光监管》——1869 年夏尔·弗朗西斯·亚当（Charles Francis Adams）对马萨诸塞州铁路的监管思路来提倡加大监管体系的透明度。[①] 通过公布火车头买入价的跌势，监管部门就可以迫使企业降低价格。收集、发布中肯的信息并公开解释是瑞典监管部门常使用的手段。

因此每个欧洲国家都设置了监管部门。而且大部分监管部门都兼顾电气两大市场。在英国，一开始是由两家独立的机构来分管两大市场：煤气监管局和电力监管局（Offer），但

---

① C. Henry. Concurrence et services publics dans l'Union européenne. PUF, 1997.

是这两大机构在1999年合并，成立了电气管理局（Ofgem）。欧洲各国监管局的权力、相对于政府的独立性、变革的决心也并不尽相同。但它们都是欧盟能源监管委员会的成员，而且按例参加欧盟委员会举办的两大论坛：佛罗伦萨电力论坛（现在罗马举行）和马德里天然气论坛。这两大论坛是欧洲各国坐下来交流、协调监管政策的绝佳机会。

资历认证和放开竞争

上述提及的所有因素相互融合、相互补充，最后使竞争机制发挥到极致。1996年和1998年的电气法令指明了逐步放开市场的期限，同时也定义了消费者自由选择电气供应商的资格条件。各国由于国情不同，市场开放的方式也不同。有些国家，比如法国，参照法令给出的最低标准，在2001年放开了约30%的市场。也有选择全部放开的国家，比如英国、北欧国家、奥地利和德国。然而实际开放程度与法定开放程度有时候相差甚远。虽然法国理论上开放程度不及德国，但其实际开放程度却远远大于德国市场，后者事实上仍是一个完全封闭的市场。

我们难以就整体做出总结。开放竞争对于工业消费者似乎带来了福音，对于个人消费者却不然。对于前者，他们从英国和北欧国家看到了商机。头脑最灵活的工业消费者一下子就领悟到如何聚集不同的消费市场及根据预算和要求（质量、灵活度、安全性）商议价格或组织竞标。对于一些企业，能源的价格不再是一个数据，而将成为改善其竞争力的一个变量。当然待购买者知道如何计算价格还需要一个过程。普通百姓获取价格信息更是难上加难，因为价格合同是非公开的，而市场显示的价格只反映不同性质的演变过程而已。我们之后将更加深入地分析电力的案例。

对于个人和服务公司的消费情况，在有完全开放经验的国家往往显得缓和些：供应商更换率极低，消费者对老供应商的忠诚度极高，刚进入行业的企业并没有出色的表现。然而，要看到的是欧洲正处于转型的关键时期。这场转型将非常漫长，给创新留下了很大的空间。

2003年，欧盟各国政府经过两年马拉松式的讨论，才修订完1996年和1998年的两条法令，同时确定了市场完全开放的期限：于2004年7月1日向职业消费者（非本国）开放，2007年7月1日向所有消费者开放。市场完全开放意味着运输行业与贸易活动之间的解绑将延伸至分配网络。

解构、重建价值链

价值链的概念对于理解能源市场自由化的机制及其影响是非常有帮助的。我们可以把价值链定义为一条从原材料开始，衔接成本、附加值、利润直到最终消费者获取商品或服务的链条。它涉及一系列成本：生产成本、交易成本、销售成本、运输成本、工资、购置支出、税收及毛利、净利、利息。对于价值链的参与者来说，拆分价值链有助于了解每个环节的贡献比。至于这项利润的规模，我们得重新回到利润的概念：差别利润和垄断利润。

在能源领域，我们可以把价值链的具体构成大致呈现在一张表上（表2-2）。这张表主要反映电气行业各项经济活动、科技和市场的衔接情况。表的顶端是各项能源资源：原油、天然气、煤炭、电力。这些能源形式具有不同的特征。比如说，电力属于不可储存的商品，其市场直到自由化运动兴起才初步成形。其次，有些能源直接被运输到最终市场，而有些能源必须经过加工（石油精炼产品、电力）。电气的运输还离不开基础设施。基础设施属于受管制的自然垄断行业，向第三方开放，与生产和贸易活动分开。

与运输活动非常类似的还有实体和金融市场。自20世纪80年代起，我们就已经观察到了这些市场的发展和运行情况，先是石油，再是天然气和电力。它们的整个发展历程都非常具有逻辑性，以至于形成了极为复杂的结构。首先出现的是现货交易，其价格是公开的，这种交易模式还推动了批发市场和交易活动的发展。同时在买卖双方还存在着双边交易，具体条件是非公开的。现货交易造成了价格波动，因此对于操作者来说存在价格风险。随之而来的是期货市场。在期货市场上流动的是一些衍生产品和风险管理工具。但是，这些产品的抗风险功能从原则上来讲只是银行家和数学家能想象到的那部分而已。在这些市场上，充斥着各种各样的互换、套利机会，特别是在电气之间。

在复杂的市场和最终消费者供应之间，往往需要供应商，即使一些大的消费者能直接去市场进行采购。为此，我们发现了供应商职能的转变和巨大的差异性。随着能源行业和其他经济行业之间的壁垒慢慢瓦解，这个转变将更为突出。比如说我们可以大胆预测将来某一天大型超市将跨入电气销售，就像它们过去决定销售汽油、柴油和丁烷一样。

最后，在价值链的下游，我们发现了形形色色潜在的消费者：从欧盟工业企业到缺乏保障的个人消费者。他们面临多种选择，但是其中许多人处于尚未准备完全但是又不得不去选择的困境。

表2-2 解构-重建价值链

能源市场	煤炭	石油 天然气 电力	非能源商品与服务
基础设施		第三方进入行业	批发市场
实体和金融市场		批发市场 双边合同 现货市场 互换协议 贸易 衍生产品 期货市场 风险管理 套利	批发市场
供应		分配企业 能源企业 能源管理企业 交易商	多服务企业 大超市 大分销商 电子贸易企业
消费者		家庭－企业	

实体市场（有组织的市场、合同）和金融市场（期货市场、保值产品）皆从事能源买卖活动。但是有些能源，比如电力和天然气必须经手自然垄断企业。终端消费者慢慢地开始理解能源供应的逻辑。介于市场和最终消费者之间的供应商则提供了多种供应模式。如此最初垂直整合的产业被一点点去垂直化、开始重建。

数据来源：剑桥能源研究协会（CERA）

价值链的解构对于相关机构来说将迎来一个极为复杂的新世界。能源企业将不得不选择自己以后想要从事的能源或非能源经济活动，并组合内部的价值链。能源消费企业必须重新制定买入和供应战略，不仅仅是能源买卖（电力、天然气），还有各种各样相关的服务：优化能源流，建造、维护和管理能源设施。而政府部门和监管部门则必须不惜一切地保护公共的利益。

为了提取这个新世界的基本原则，我们可以借助于经济理论中的一些分析工具。我们回顾1937年罗纳德·科斯（Ronald Coase）的文章：在市场有效且交易成本不为零（信息、议价、竞标）的前提下，人们始终会拿自己生产某件商品的成本和市场上该商品的售价进行比较。对于一个买电的人，衡量交易成本显然不是件容易的事，因此思虑再三后他还是会叫人制造发电设备。这样既满足了自身需求，还有可能去市场上转卖多余的电力。这个自购或外购问题和交易成本问题在石油行业早就被解决了。但是对于欧洲的电气行业，这还是个崭新的问题。而且之后很自然地引发了双边合同的法律经济问题。随着欧洲市场逐步开放，双边合同也得到快速的发展。其相关的成本除了交易成本还有保值成本。

工业市场大变动

欧洲能源市场自由化进程很快就引发了欧洲工业的集中化和一体化。石油行业率先举起改革的大旗，电力、天然气工业紧追其后。

20世纪90年代中期，电气公司第一次因如何重新定义其地理空间和经济活动而大伤脑筋。在过去很长一段时间里，这些公司一直顺风顺水，还将电气业务扩展到了之前难以渗透的市场。当时市场的结构相对来说也没有那么复杂。企业行为也主要围绕着供需平衡，通过预测市场需求来相应地计算产出。

在20世纪60年代和70年代，电力消费的年增长率是7%—8%，即每20年翻一番。到了20世纪80年代，该局面一下子被扭转了。大部分欧洲家庭都配备了家用电器，经济增长再也不是板上钉钉，电力需求涨幅在1%—1.5%徘徊。绝大多数电力生产商都遇到了生产过剩的问题。此外，能源市场自由化的前景也越来越清晰。在这样的环境下，财力雄厚的电力公司开始蠢蠢欲动。它们预料到电力市场将展开一场厮杀；它们意识到电力需求旺盛的时代已然一去不复返。它们亟须找到新的增长方向来支持公司的发展。

第一个方向就是发展中国家。那里电力需求涨幅惊人，但没有足够的融资渠道，只能求助于国际资本。那些开展全球部署却缺乏对国家风险的认识的电力公司尤为垂涎东南亚、拉丁美洲和中东市场。

第二个方向就是扩展传统的经营活动。为什么一个电力生产商不能在供电的同时销售天然气、水、通信和互联网呢？在这样的理念的推动下，多服务企业就诞生了。

第三个方向就是回归欧洲大陆。眼下欧洲正在建立共同市场，投资于发展潜力巨大的国家及自由化浪潮中的先锋国家对于电力公司来说也是抓住了机遇。大型电力供应商俱乐部着手消除各自渠道的壁垒，从技术上实现了不同网络间的互通，这也有利于欧盟加快完成一体化。这些解释都是非常中肯的，大型电力企业也确实将采取全方位扩张的战略。只是有些选择地理扩张，比如法国电力公司；有些更加倾向于扩展经营活动，比如德国莱茵集团和意大利国家电力公司。

为了捍卫共同的利益，欧洲的天然气企业也效仿电力界组建了自己的俱乐部。但是它们感觉市场自由化进程将威胁其扩张政策。随着新企业、新技术进入市场，它们的地位受到了冲击。我们将在第五章看到新"独立"管道的建设是如何颠覆既有的秩序的：德国的温斯特管道（Wintershall）、连接英国和欧洲大陆的管道。天然气企业和电力企业一样在寻找新的突破点。

兼并－收购赛

我们先花一分钟回顾一下1995年的能源行业结构，也许我们的脑海里只留下了几大行业巨鳄的名字，但我们也应该看到各参与者的体量差异：一方面是大型油气公司和其他企业的实力对比；另一方面是各国电气公司之间的规模差异。在这张棋盘上，不仅有国有企业和私营企业，还有大型跨国公司和小地方寡头公司。

自1995年到2002年的七年间无数起兼并－收购案彻底改变了能源行业的面貌（表2-3）。主要的几家跨国企业，乃至整个工业都得到了稳固。第一次能源大战伴随着英国的私有化热潮一触即发。英国地方电力分配公司的私有化进程让美国能源企业蠢蠢欲动。诸如安然、TXU能源、爱依斯电力（AES）等能源公司都迫不及待地希望趁机打入欧洲市场。虽然在贸易、金融业务方面还算是游刃有余，但是它们初来乍到，欧洲市场的高门槛和特殊的大环境令人心生惧意。大多数美国公司也渐渐地撤出了欧洲市场。

表2-3　欧洲能源行业几起重要的兼并-收购案（1998—2010年）

兼并 – 收购案	年份	交易额/十亿美元
艾克森 – 美孚	1998	77
英国石油 – 阿莫科（Amoco）	1999	48
法国电力 – 伦敦电力	1999	3
道达尔 – 菲纳（Total-Fina）– 埃尔夫	1999	54
英国石油 – 阿柯（Arco）	1999	27
雪佛龙 – 德士古	2000	36
Veba-Viag- 德国意昂	2000	15
德国莱茵 –VEW	2000	4
德国意昂 – 英国电能（Powergen）	2001	17
德国意昂 – 俄罗斯天然气	2002	11
莱茵 –Innogy	2002	9
苏伊士环境（Suez）– 比利时 Electrabel/Tractebel	2002	8
西班牙伊维尔德罗拉（Iberdrola）– 苏格兰电力（Scottish Power）	2006	23
德国意昂 – 西班牙恩德萨（Endesa S.A.）	2006	66
苏伊士环境 – 法国天然气	2006	43
西班牙天然气（Gas Natural）–Union Fenosa	2008	36
法国电力 – 英国能源	2008	23

续表

兼并 – 收购案	年份	交易额/十亿美元
意大利国家电力 – 恩德萨	2009	14
法国天然气 – 苏伊士环境 – 国际能源（International Energy）	2010	14

数据来源：巴黎高等矿业学校工业经济研究中心（CERNA）

油气供应商、供电商、天然气公司之间的合并对巩固欧洲能源格局做出了重要的贡献。至于这些企业为什么选择合并，背后主要有以下原因。

- 希望切实地巩固企业在欧洲的地位（包括在2004年才加入欧盟的新国家）。在统一的能源市场，利用价格差异、市场开放程度、企业文化和市场位置获得套利机会。
- 希望实践母国没有的企业模式和供应组合。
- 寻找协同合作，形成规模经济。
- 抓住某些国家私有化改革的机遇。

除了这些经典的论据，还需要加上一条：增加体量。眼下的世界风险与机遇并存，大企业往往比小企业更具有竞争优势。原因如下。

- 公司的体量大小跟经济实力直接挂钩。在许多国家纷纷出售一部分公共能源行业的同时，大企业能够快速调动大量资金买入股份。无论在哪块大陆，这点都是适用的。
- 大体量企业分散风险的能力更强。每在一个国家完成驻扎，企业的非系统性风险将明显地降低。道达尔和诶尔夫的合并也证明了这一点。前者遭受着巨大的中东风险，后者的非洲风险也不逊色。两者合二为一后，这两大风险却大大削弱了。
- 大体量更有利于企业在不同市场上转换角色，实现市场间的互补。具体来说就是许多企业利用在国内市场的强势地位去支持其在海外的扩张政策。因此企业追求大体量的行为也间接地为世界经济增长做出了贡献。

大体量本身就是企业的一大竞争力要素。从企业从事的经济活动和占据的地理位置的角度出发，企业有必要认真分析相关的历史数据并作前景预测，权衡追求规模经济的得与失。

在分析这场企业兼并－收购运动时，有三点值得额外地注意：一是目前多业务模式尚未成熟，可行性小；二是能源业和通信业融合尚未有成功的先例；三是天然气和电力行业确实可以实现互通。

多业务模式的神话

从企业中长期的战略来看，所有石油、天然气、电力供应商都将趋向于利用现有的客户资源，向消费者提供除了自营商品以外的产品和服务。我们可以用相关的经济理论来解释这个现象。假设一个世界只有三个消费者，图2-1的左边有5家独立的供应商；右边则由一家多业务企业满足3个消费者的所有需要。通过左右图对比，我们发现原15对双边贸易关系一下子锐减为3对。因此我们可以说多业务模式能够形成规模经济，一家多业务企业的分销成本将低于单一业务公司分销成本的总和。这就是成本减法原则。[①] 比如说，对于水电气，只需要查一次表。对于卖出的服务，仅需一次操作就能完成收费、支付、还账。最后加强与客户的贸易关系也能形成规模经济，减少营销、广告、促销的支出。此外企业的规模经济将带来更多的客源，这又会进一步扩大规模效益。总而言之，所有的历史数据都证明了多业务模式的合理性，使消费者真正实现一站式购物。

但是，事实并非如此。许多企业在1990年到2003年间

[①] 两种商品 a 和 b 合起来生产的成本或分配成本要低于分开生产或配送的成本，即 $C(a+b) < C(a) + C(b)$。

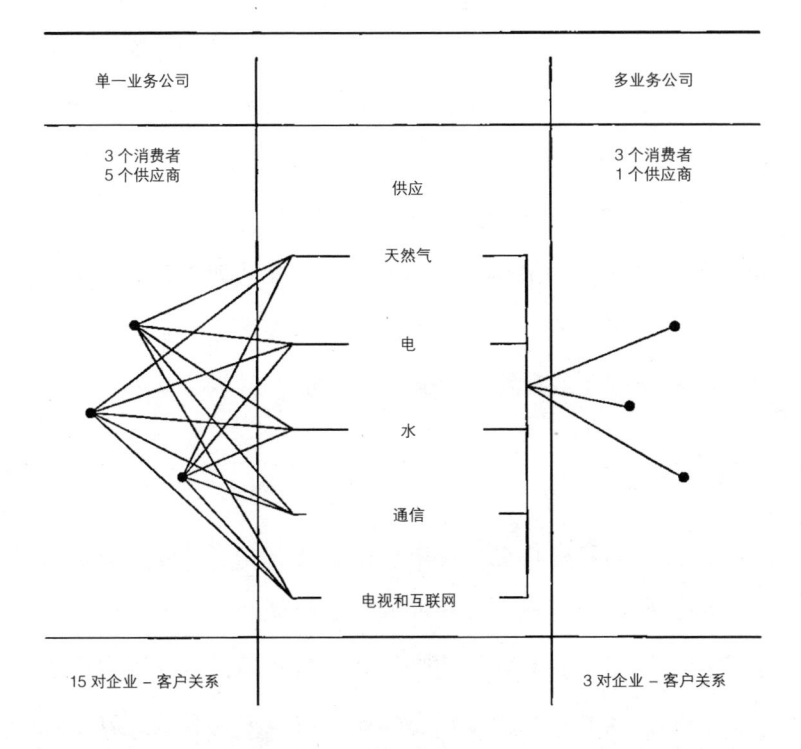

```
单一业务公司                              多业务公司

3个消费者          供应              3个消费者
5个供应商                            1个供应商

                  天然气

                   电

                   水

                   通信

                电视和互联网

15对企业-客户关系                    3对企业-客户关系


                 下游协同服务

● 客户、市场信息              ● 收费
● 营销                        ● 维护
● 计费
```

图的左边，5个专门的供应商为3个消费者提供服务。
图的右边，一个供应商包揽天然气、水、电、通信、电视和互联网五大服务。
数据来源：CERA

图 2-1　多业务对比单一业务

都采取了多业务的经营模式，但是与刚才经济理论推导出来的结果不同，除了英国的森特里克集团（Centrica），其他企业皆以失败告终。事实上，选择多业务模式的企业需具备同时操控不同的经济业务及业务组合的技术能力和团结不同专业的人力资源，指导它们互相配合、协同合作的管理能力。供电商探索通信行业就是最好的例子。然而，多业务模式仍是企业一项重要的战略参考。因为分销模式即将融合信息技术和通信技术，掀起一次大变革。此次变革过后，多业务模式非常有希望在不久的将来找到生存的空间。

错入通信业

通信业的自由化进程比电气行业早开始了几年。对于供电商来说，通信行业一方面准入门槛降低，另一方面发展前景广阔，因此具有非常大的吸引力。当然通信行业吸引电气公司的原因还有很多很多。通信业之所以如此朝气蓬勃，是因为几家音像、信息传递介质企业（无线电波、铜线和光纤）间的充分竞争。无线电波让电气公司看到了无线电话的市场。地方市场的对外开放也使这些公司能够方便地使用传统运营商的铜线。至于光纤，一些电气供电商早就打造了光纤网络，而那些还没装上光纤的也将很快拥有。此外，1998年发起的无数项学术研究和实验，为电力线通信技术的到来做好了铺垫。通过该项科技，普通的输电线也可以传送声音、图像，以及连接上网。

看到了通信行业的美好前景之后，不少供电商开始思考如何获取通信行业的相关技术知识。鉴于它们已经拥有了与之匹配的商业知识，这些电力公司采取了强硬打入通信市场的方法，比如说，德国企业 VIAG、VEBA（今意昂）和莱茵，英国的苏格兰电力和公用事业联合（United Utilities），西班牙的恩德萨和意大利国家电力公司。秉承着术业有专攻的原则，法国电力公司自身并不踏入通信界，而是委托其外国子公司经营通信业务，比如伦敦电力。[①] 以目前来看，这些公司在进入市场时付出了高昂的代价，但是进入市场后并没有获得预期的回报，所以不久之后纷纷退出了通信行业。

虽然多业务模式暂时看来不可取，电气行业的融合却是相得益彰。因为这两个行业实在有太多的共性了。

电气合一

电气行业之间实现互通潜力巨大。虽然目前还无法计算这种潜力，但是全球风靡的工业集中化运动很快就证明了这

[①] C. Le Hénaff. L'entrée des acteurs énergétiques dans le secteur des télécommunications en Europe.Economies et sociétés, série Economie de l'énergie, n°9, 2003.

一点。① 在上游，单纯的电力生产或热电联供是天然气一大用武之地。基于环境制约因素，天然气发电和废热供电是二次能源生产最有效、最环保的方式。因此在这一点上，电气可以实现互补。

在市场层面上，虽然电力具有不可储藏的特性，但是电气两大市场的组织结构还是遵循相同的原则的。因此套利者如果想攫取电气市场之间的套利机会，那就必须熟悉两大行业的结构、组织和互补关系。在价值链下游，一旦供应商精通电气两大工业知识，并且推出可调节的产热机组、热电联产机组和合理的供应合同，那么向工业企业供能和提供相关服务将变得更加完善。在家庭层面，电气合一将有利于查表、收费。

还有一种可能的协同作用可能表现在运输方面，比如说，2002年英国国家电网（National Grid）接管莱迪思半导体公司（Lattice）的例子。前者是英国高压电输送网络，后者控制天然气的运输和分销网络。两大公司都属于受管制的自然垄断企业，需要和英国电气监管局长期打交道。两者的监管问题非常类似，两大经济活动的预期利润率也相差无几，还有就是电气网络的扩展与巩固只有在两大行业互相协调的基

---

① 请参阅 Sophie Méritet 的博士论文，CGEMP，Université Paris-Dauphine, 2000.

础上才可能完成。所有以上论据都说明了两大行业的高度协同性。

什么样的企业选择什么样的模式

随着价值链的解构，能源和其他经济领域的界限被打破，能源企业不得不重新审视它们的组织模式。最主要的战略问题就是选择地理范围和经营活动。它们必须保证在目标市场和目标业务上，公司能建立并维持显著、长久的竞争优势。比较优势既包括成本因素也包括除成本外的其他因素，比如品牌、名气、客户忠诚度、速度、灵活性和创意。其中客户忠诚度的战略意义尤为突出。一旦某一供应商的专业程度和提供的价格令消费者信服，那么消费者将自然而然喜爱并长期选择其产品。[1] 这对于那些长期盘踞某些地方市场的企业来说是一次革命，是对其企业文化的一次冲击。业务范围的选择既可以是横向的也可以是纵向的：企业可以选择一条价值链上的某些环节，也可以选择多条价值链的某些环节，比如说，多业务模式。在电气价值链上，一家企业可以被垂直整合，因为运输属于受管制的自然垄

---

[1] Y. Benamour, A. Bonanni. Le capital confinace : un enjeu majeur pour les opérateurs électriques traditionnels . Economies et sociétés, série Economie de l'énergie, janvier-février, 2001.

断部分。但是，一家企业完全有可能囊括价值链的上下游，也就是集生产到分配于一体。这种部分重新整合的运动在许多国家都发生过。对于每个企业来说，分析自己的比较优势并在给定市场上建立起强势地位是相当困难的。因为不同类别的消费者有不同的需求和期望，因此企业必须进行市场细分，"对症下药"。所以说现在供应商越来越难做，不仅要扩展产品、服务的种类，还要控制成本、质量和专业度。

  一个企业的战略选择首先需要考虑"新经济"的发展，也就是信息技术、通信技术，尤其是互联网的使用。虽然它在 2000 年到 2001 年间的发展并不像我们之前想象的那样迅猛，但是这些新技术和其巨大的变革力量就摆在那儿。2001 年《金融时报》的金句"每个领域都酝酿着一个互联网经济"（in each business, there is a e-business waiting to happen）并没有过时，仍旧符合当下的形势。信息技术降低了行业准入门槛和交易成本，使市场更加透明、更加快捷、更加有效。新经济也将加速价值链的解构过程，增加准入机会和重新定义企业模式。[①]

[①] J.-M Chevalier. L'industrie européenne de l'énergie face à la nouvelle économie. Economies et sociétés, série Economie de l'énergie, janvier-février, 2001.

在过去的结构里，我们有典型的石油企业、电力企业和天然气企业。而21世纪的能源世界将更加丰富多彩：多样的企业模式将组成不同的经济活动，不同的模式之间将互相竞争。此外还有虚拟经济模式（资产近乎为零，主要是智力活动）和实体经济模式（巨额的不动产投资）。但是没有一种能自称是完美的。继安然公司的破产和纯交易商的落寞，传统工业组织模式和企业组织模式的转型将成为21世纪企业家的一大挑战。

因此，自1996年和1998年欧盟法令颁布，欧洲能源工业无论是在其结构、组织模式、行为和绩效上都发生了翻天覆地的变化。其经验教训值得世界其他地方借鉴，尽管各国的演变轨迹服从不同的时间节奏。但是这场转型尚未结束：价值链的解构，信息、通信技术的发展潜力巨大，为新一轮的变革做好了准备。

这场变革的实质就是国家和市场之间的长久战。一边是国家的政治力量，一边是主要由利益驱动的经济力量。在过去很长一段时间，国家控制了市场，赢得了公共舆论的好感，被老百姓视为公共利益的捍卫者。之后，世界刮起了自由主义大风，反对国家特权并提出了由市场机制为主导的组织模式。这是完美竞争经济理论的一次复兴运动，市场机制被认为能自动保护所有人的利益。

这场轰轰烈烈的市场自由化变革持续了很多年，但最后无论是欧洲还是世界上其他国家都发现了市场机制似乎亦并不能解决短、中、长期的问题。因此新的监管模式亟待建立。诚然自由化浪潮带来了进步,但同时也带来了忧虑。它要求我们思考、发明新的监管模式——"受管制的自由主义"。新的监管模式不再只是国家的,也是地方的、地区的、多国的、世界的。

第三章
新电力市场之战

　　能源市场的自由化和网络产业放开竞争在价值链内部催生了以往不曾有过的新市场。在这些新市场里，电力市场是最年轻而又最复杂的。在过去，电力公司独揽电力生产、运输、销售三大业务，而且仅在其有专营权的地理范围内进行活动。那时候不存在市场的概念，来源不同的电力之间也没有竞争，除了企业内部的竞争：企业根据客户的需求水平要求其旗下各生产设备以优先次序排列，从边际成本最低排到最高（也就是我们常称的用电高峰，一年中不过只占几小时而已）。有些供电商有时候需要（或者由于法律规定不得不）向同行或独立发电企业买电，但即使是这样的买卖也只是通过合同，从来不会涉及市场。

　　经济学家们对建立电力市场有着特殊的狂热，以为这是实践完美竞争市场的绝佳机会。在经济学家的脑袋里，每千瓦时电是一种无差异商品，是一种可替代商品。一旦老式的垄断企业被粉碎，电力生产者的数量极其庞大，甚至还将更大。而电力的消费是不定时的，背后有千千万万的消费者。通过废除制度或垄断性质的行业准入门槛，我们鼓励新企业进入行业。简而言之，完全竞争的五大要素基本上已经具备了：同质商品，大量的生产者和消费者，行业进出自由，信息自由流通、市场透明，生产要素的自由流动。除此之外，最受经济学家们热议的就是在完全竞争市场上实时地建立供需平衡，当然还有运输。我们必须承认运输属于自然垄断的范畴，需要对其约束。但是那又怎么样呢？运输是连接生产者和消费者必不可少的中转环节，只要我们组织、监管得当，根本不会对市场的供需平衡造成影响。莱昂·瓦尔拉斯（Léon Walras）在1874年《纯粹的政治经济要素》中就记录过以上的步骤：完美的竞争市场模型将更好地进行资源配置和实现最优状态。因此，电力市场的大挑战引发了经济理论和应用经济爆炸式的发展，威廉·霍根（William Hogan）、阿尔弗雷德·卡恩（Alfred Kahn）、保罗·乔斯科（Paul Joskow）和大卫·纽伯里（David Newbery）等纷纷投入研究、著作。一大批高校研究都建立在某些新型电力系统的组织结构上。①

　　我们退后几年再看，会发现这些全凭经验进行的实验暴露出来了一系列过去未被识别或被低估的问题。第一大问题就是电力工业组织模式的设计——电力市场的结构，也就是英语中的 market design。许多之前建立的模型都被改良过了。没有一个模型有证据证明自己是最完美的。第二大问题涉及电力工业及相关市场的运行机制。我们对后者的效率持有怀疑的态度，在其中看到了竞争的曲解现象，却不知道该采取什么手段来校正。第三大问题就是未来的问题。市场机制如何维持足够的投资水平以保证未来及时建立新产能？我们该围绕电力出台怎样的政治、社会策略？

　　为了理解这些问题和探索潜在的答案，我们必须对电力商品的特性有一个清醒的认识。有些特征有利于解决电力市

---

　　① 关于电力市场的著作很多，可参见 Sally Hunt. Making competition work in electricity. John Willey & Sons, 2002. Jean-Paul Bouttes,Jean-Michel Trochet. Marchés de gros et bourses d'électricité en Europe et aux Etats-Unis: où en sommes-nous ? Institut d'économie publique, conférence. Ouverture des marchés de l'électricité.Marseille, janvier 2004. Economies et sociétés, série Economie de l'énergie, n° 8 et 9, 2001 et 2003. AIE. security of supply in electricity markets, evidence and policy issues, 2002. François Boisseleau. The role of power exchanges for the creation of a single European electricity market : market design and market regulation. Delft University Press, 2004. Jean-Michel Glachant,Dominique Fillon（éd.）.Competition in European electricity markets, Edward Elgar, 2003.

场的问题，而有些特征却可能把电力市场扔进死胡同。

- 每千瓦时电可以被认为是一种商品，但是是不可储存的。经济理论也把不可储存的商品考虑在内了，比如说酒店的一间客房、火车上或飞机上一个座位，但是电力除了不可储存的性质以外，还需要专门的运输渠道。输电网络上的每个节点都代表一个家庭，因此还涉及供需平衡的问题。电力供应必须结合需求的波动而做出调整。当消费者按下电路开关，房间就必须亮起来。我们非常理解电力生产单位调节电力供给的重要性。在这个角度上，当我们打开阀门让涡轮机工作时，大坝蓄水池也相当于一个电力仓库。如果说电力和天然气的差别，后者可液化压缩并可储存的性质使供应商更加容易调节供给以适应需求的波动。

- 每千瓦时电在电阻最小的线路上的输送速度高达30万km/s。物理电流会在干路上遭受部分损失，但和商业电流并没有什么直接联系。尽管现在技术发展日新月异，但是我们还是很难跟踪一个电子的流动线路及区分我们消费的电流是来自于核能、水力还是风能。我们拿一个比利时卖家和一个意大利买家根据合同输送100MW电流举个例子。我们会观察到由于不同线路的电压不同，从比利时发出的电流会分散流向周边五个国家，而这些国家并不参与本次交易。电流分流现象有可能在输送线路上生成物理电压，所以需要线路运营者的专门管理。因此，电流的物理性质使管理输电网络变得极为复杂。尽管输电网络属于自然垄断行业，是一项基础设施，但是它跟高速公路完全是两码事。就像让-皮耶尔·汉森（Jean-Pierre Hansen）强调的那样，在输电线路上不需要排队，两股2MW电流的交叉合力为零。

● 每千瓦时电是一项基础财产，对于大多数用途来说是无可替代的。断电有可能严重干扰经济生活和家庭生活。所以必须保证电力系统稳定运行，一方面是在短期确保供需始终平衡，另一方面需要确保生产能力、运输能力和分配能力长期维持在一个合适的水平。

● 每千瓦时电从物理层面上属于无差异商品，但从经济层面上是差异化的。用一千瓦时电去对比输电网络24小时，一周或一个月里使用的一千瓦时基础电或高峰电，它们的性质和价值是完全不同的。因此由于其物理和经济特性，电力并不只形成一个市场，而是形成各种类型的市场。我们既买入基础电,也买入应急电来应对日需求或季度需求的波动。所以,每千瓦时电无论在时间上还是空间上都不是同质商品。

电力体系改革

电力体系改革是在20世纪70年代提出来的,最典型的就是1978年美国的《公用事业监管政策法案》(Public Utility Regulatory Policy Act)。该法案否定了电力公司对电力行业的垄断,并要求后者向独立发电企业(independant power producer, IPP)购买电力。这些企业往往使用可再生能源、废物进行发电或采用热电联产的模式。当时第二次石油危机来势汹汹,所以该法案的初始目标就是鼓励使用可再生能源和生活垃圾"变废为宝",改善能源体系的能效。除了这些目标外,在该方案的实施过程中,我们发现独立发电企业潜力巨大,而且有时候生产成本远远低于那些垄断电力公司。电力生产因此摆脱了自然垄断,形成了可竞争市场,即行业进出自由。

电力体系改革无论是在老牌的工业国家还是新兴的发展中国家都登上了热议榜,成为众人瞩目的焦点。由于现行的电力系统在工业结构和能源平衡表结构上差别很大,所以改革的方式也呈现多样化:企业数量、私企和国企的市场占比、监管模式、本土能源比例、社会约束等。对于企业改革,政治意向也不是单一的：鼓励私有化、提高效率、纠正现行的监管模式、扶持新产能。在发展中国家，投资需求很大，从20世纪80年代起世界银行就给出建议，让其引进国际私人资本。这也是为什么独立发电企业遍地开花的原因。这些IPP一般和地方老牌的运营商签订长期买卖合同，把生产的电力转卖给后者。

IPP在世界范围内都得到了极快的发展，但是这好光景也仅仅持续了几年，之后一大批问题接踵而来。该组织模式一头撞上了我们曾在引言一章中提到过的各类风险，尤其是市场风险和国家风险。其中最惨烈的案例就是安然公司在印度建造达波尔（Dabhol）天然气发电站。[1]当时国际投资者遇到了形形色色的问题，最终给部分国家的电力融资造成了极大的困难。

在欧洲，1996年欧盟法令就要求各成员国进行电力工业改革，但是一些国家，如英国和北欧国家早在政令发布前就已经着手进行改革并希望从中取得与通信行业自由化一样积极的成果。所有这些改革的目标都是一致的，那就是建立一套能够改善经济效率的组织模式。改革的重心就是"解绑"。电力生产和供应已经展开竞争。运输仍然属于自然垄断，新

---

[1] Swendra Singh Yadav. Direct foreign investment in power sector : enron :a case study . Revue de l'énergie, n°475, février 1996.

的监管模式已经上线。

运输业的自然垄断

　　电力体系的设置主要是围绕高压电输电网络展开的，旨在确保电力供求平衡。保持供需平衡并维持体系的可靠性是重中之重。该职能主要是由完全独立于电力的生产和销售的运输网络管理公司（GRT）承担。它负责整个输电网络的运营、维护和开发。由于需求水平会围绕前天晚上的预测值上下波动，并根据气温或光亮等天气因素发生变化，因此每天管理人员需要坐在监控室跟踪需求的实时变动，并根据具体情况下达开启或暂停发电站的指令，调节几天或几小时前还适用的生产计划。因此 GRT 有能力预测威胁某些线路的拥堵问题。同时它也负责输电网络间的连接和电流的交换，是当之无愧的"电荷平衡者"。最后，运输网络管理公司在监管机构的监督下根据清晰、透明、无歧视的原则确保第三方进入行业。

　　有时候输电网络监管人的职能可以和线路所有人分离开来。在美国，输电网络监管人经常也是电力公司的所有人。因此就有了独立系统运营者（ISO）。[1] 欧洲则更倾向于把输电网络的所有权和管理权合二为一，具体就是合并电网公司

---

[1] S. Hunt. Making competition work in electricity. op. cit.

（Gridco）和ISO，最后形成一个称为Transco的运输公司，也就是法语中的GRT。

　　基于自由化的电力系统在运行时出现了许多问题，运输网络管理公司的角色和职能引发了热议：2001年美国加利福尼亚、意大利、美国纽约及2003年英国伦敦发生的停电事故。GRT肩负平衡输电网络的重任，掌握机密的商业信息（生产、双边供应合同），但是它除了能在短期调节市场，其本身并不参与市场。它长年与电力市场打交道，所以能一眼识破市场的小瑕疵（如虚拟的线路拥堵、价格操纵），任何人都不及它的火眼金睛。难道我们不能给它一个更加重要的角色吗？让它和监管部门共同监管市场是否正常运行，监管产能是否满足需要，监管基础设施的资金是否到位。

　　如何决定使用输电网络运输的价格，这是一个非常复杂的问题，就像当初的天然气一样。这个问题已经超出本书的范畴。[①] 价格必须在监管部门的管控下决定。它应该包括输电网络的经营成本，允许必要的投资并给自然垄断企业合理的报酬。至于如何计算这笔合理的报酬，那就需要准确地估算总投入资本。

　　[①] Jacques Percebois, Laurent David. Les enjeux du transport pour le gaz et l'électricité:la fixation des charges d'accès.Economies et sociétés, série Economie de l'énergie, janvier-février, 2001.

市场设计问题

一旦运输活动完全脱离其余的工业部分,最大的问题就是市场设计:怎样的电力市场组织模式能够保证生产者和消费者之间的物理电流和商业电流能够以一种高效的、竞争的方式运作?以纱丽·亨特(Sally Hunt)看来,市场设计应该解决以下四个问题:供需平衡、管理拥堵、辅助服务和其调节、规划和产能分配。[①]

第一次市场自由化试验(英国和美国加利福尼亚州)是建立在统一、强制市场的概念上,也就是"池":所有的生产者都必须在"池"里销售电力;所有的消费者或其委托代理中介,尤其是地方的分销企业需要在"池"里购买电力。这一概念很好地反映了经济学家建立完美竞争市场的夙愿:在一个强制的"池"里以30万km/s的速度实时进行交易。与之相反的是北欧国家,它们一开始建立了一个选择池(nordpool)。生产者和消费者可以选择在池里进行买卖活动,也可以签订双边供应合同,明确供应数量、价格和期限。

在细说几个可行的市场设计之前,我们需要重提每个模式都是涵盖电力批发市场组织这一块的。批发市场本身就有

[①] S. Hunt. op. cit., p.126.

两个类型：有组织的市场和场外市场（OTC）。

有组织的市场

有组织的市场有若干类型，包括强制性市场、电力交易所、平衡市场、容量拍卖市场、期货市场等。

强制性市场要求每个生产者在交易前一天以每小时或每半小时的速率提交其投放市场的产量和最低可接受价格。该交易池集中了所有供给，根据实际的需求水平确定优先顺序，并以此制定价格。这是英法两国在1990年到2001年间采取的模式。

电力交易所属于可选择的有组织市场。在该市场，第二天的交易往往以前天晚上的即期交易为准。交易显示了所有场内进行的交易。欧洲的主要代表是北欧的Nordpool、德国的EEX、荷兰的APX、法国的Powernext、英国的UKPX和UKAPX。

平衡市场（balancing markets）是供电力运输网络管理公司购买电力以平衡线路供求关系的短期市场。有时候GRT通过支付给生产者酬劳的方式要求后者随时待命发电。这又涉及产能问题。

容量拍卖市场主要是拍卖产能和运输能力的市场。在欧洲，拍卖物往往是各国之间的联系网。我们需要注意的是在该市场只卖生产容量，不卖电。

期货市场一般和交易所联系在一起。在该市场上，我们可以以签订合同的形式购买几周、几个月、几年的电。但是金融保值工具并没有像我们最初设想的那样有突飞猛进的发展。为了让期货市场及其金融衍生产品能够实实在在发挥其应有的作用，那就需要更多的透明度和流动性，消除即期市场上恶意操纵价格的行为。此外，欧洲市场给出的日历安排并没有足够地考虑工业消费者的需求。①

双边交易或场外市场

当市场不再是强制性的时候，电力买卖双方可以商议供应合同。该合同内容属于私密信息，不予公开。购买者有时候会通过拍卖的形式获取供应合同；当然他们也可以依靠掮客牵线搭桥。合同的条款取决于很多要素：客户的需求曲线（比如日波动、周波动、季波动）、要求的质量、期限、价格条款、相关配送地址数量、各方的协商权。再者，当一些工业消费者拥有了自己的生产设备或具备一定程度的生产灵活性，那么他们就有了更强的议价能力。虽然合同内容是非公开的，但是仍需要经过 GRT 的审核。GRT 作为输电网络的平衡者，需要提前知晓合同交易的电流性质。大多数欧洲国家都没有强制性交易池，场外交易大概占了总消费量的 65%—90%。

---

① Colloque CGEMP. The difficult relationship between spot and forward markets. 2 avril 2004, University Paris-Dauphine.

现在我们深入研究几个典型的市场组织模式。国际能源机构对此提供了非常详细的介绍，还会定时更新。[1] 我们主要关注英国、美国加利福尼亚州和美国采取的几大方针政策。

英国

英国是老牌工业国家里第一个着手进行电力工业结构重整的。要知道，在英国，电价贵得离谱，而且很大一部分电还是出自本土煤炭发电站。矿工工会紧攥着电力工业，时时刻刻准备着反抗撒切尔政府。1988 年，英国政府发布了白皮书，圈出了几条即将进行重组的干线。之后 1989 年的《电力法案》又重申了该重组决议。1990 年，英国的垂直整合垄断机构——中央电力局（CEGB）被拆分为 16 个不同的企业：3 家生产企业［PowerGen、国家电力（National Power）、核电（Nuclear Electric）］，1 家运输企业［国家电网（National Grid Company）］，12 家地方分配企业［地方电力公司（Regional Electric Companies）］。在让 - 米歇尔·格兰尚（Jean-Michel Glachant）眼里，这是"20 世纪末最精彩的工业结构装配游戏"[2]。在重组的过程中，还诞生了一个电力强制性市场和独立

---

[1] AIE, Security of supply in electricity markets. Evidence and Policy Issues, 2002.

[2] 至于英国体系及其演变，读者可阅读 Glachant 和 Finon 的相关著作。

的监管者——电力监管局。1990年到1996年间以上所有企业都经历了公改私的过程。

在强制性交易池，卖家给出产量，运输网络管理公司——国家电网通过一系列复杂的规定、程序、协定维持供需平衡。同时它也负责线路损失、拥堵及平衡市场的种种问题。这种强制性交易池的模式加速了英国电力行业的改革：煤炭发电的市场份额逐年下降，装机容量从1989年的54 TW跌至2000年的39 TW；与此同时，许多天然气发电站被建立起来：1990年装机容量还是零，到了2000年，该数字蹿至17 TW。此外，在这十年中，电价下调幅度很大，给家庭，特别是工厂带来了极大的福音。①

在所有电力系统改革里，价格趋势是衡量改革成效的一大重要指标，毕竟改革的目的就是实现成本、价格双降。然而我们往往需要非常谨慎地解读这些数据，因为价格曲线是许多因素综合形成的结果：融资成本下降、生产效率提高、原料价格波动（煤炭、天然气）、竞争压力变化、外部企业进入行业的影响。英国把跟踪交易池运行情况的任务交付给了公共机构（电力监管局、竞争委员会、部委）和一些有名的

---

① S. Hunt, op. cit., p. 366. 关于价格演变可参阅 S. Littlechild. Competition and regulation in the UK electricity market. Institut d'économie publique, colloque . L'ouverture des marchés européens de l'électricité . janvier 2004.

大学教授汉姆（Helm）、纽伯瑞（Newbery）和曾是电力监管局一把手的立特柴尔德（Littlechild），因此能够发现并纠正电力系统的瑕疵和错误。至于价格，监管者发现无论是批发价格还是零售价格的下降速率都要比成本下降速率低得多。从1993年到2000年，新发电站的资本投入下降了40%，天然气的即期价格下降了50%，煤炭价格下降了28%，生产效率非常高，但是在这段时期，电价的年下调幅度仅有2%。[①] 基于以上数据，我们可以得出结论，电力市场的巨头仍具备歪曲竞争、操纵价格的实力，现行的监管模式是无效的。

因此，2001年，英国政府又出台了《新电力贸易规定》(*NETA*)。从2012年起，更是引进了新电力市场改革，以此表明其建立低碳能源体系、改善能效、使用可再生能源和核能的政治决心（框文3-1）。

框文3-1　《新电力贸易规定》，2001

强制性电力即期交易市场不过运行了十年，就被《新电力贸易规定》取而代之：买方直到电力配送前一小时都可以取消订单的双边市场诞生了，与此同时还有一个维持实时供需平衡的调节机制。该调节机制的职能是双重的。一方面，

---

① S. Hunt. op. cit.

它允许运输网络管理公司启动调整供给应对线路波动，实时维护系统的平衡。另一方面，运输网络管理公司输出的储备供给将影响正负向价差的计算。当电力生产商和供应商的实际产出或消费与半小时前公布的数据不一样，两方将陷入价差危机。

英国电力批发价在1998年到2002年间爆降了40%，尤其是在《新电力贸易规定》实行的第一年降了19%。但是主要原因并不是《新电力贸易规定》，而是自1996年起一大批发电站都转让给了行业新人，电力一直处于超额生产的情况，电力生产的竞争非常激烈。《新电力贸易规定》可以说加速了这场价格下调运动。2003年电价又开始抬头，原因为发电站倒闭、市场巩固。2003年到2004年的冬天见证了《新电力贸易规定》也能刺激产能。

《新电力贸易规定》问世三年后，新市场涌现了新挑战，包括参考批发价格的出现、国内消费者市场的竞争进一步加深、支持热电联产和可再生能源加大了价差。以上挑战是世界上许多市场共有的。所以，各国需要在竞争、供应安全和环境保护三者间找到一个平衡。

数据来源：Tanguy Le Quenven，剑桥能源研究协会（CERA）

一败涂地的加利福尼亚州：技术失败

1996年，美国大州——加利福尼亚州开始电力工业改革。当时加利福尼亚州电价一度是美国最高的，改革的主要目的也是为了降低电价。[1] 在这几年时间里，加利福尼亚州任何的风吹草动都受到了社会极大的关注，因为加利福尼亚州的成功也将为美国其余地方提供一个可效仿的理想模式。改革的一个要点就是建立电力运输网络管理公司——加利福尼亚州独立系统运营者（CAISO），主要负责三大私营网络间的平衡关系：太平洋电气（PG&E）、南加州爱迪生公司（SCE）和圣地亚哥电气（SDG&E）。但是仍有许多市镇电力公司不受CAISO管辖。再者，在冗长的讨论之后，由另外一家私营机构——加利福尼亚能源交换公司（CalPX）负责管理批发市场。最后，为了在生产环节引入竞争，大型企业需要把旗下近一半的发电站转让给新进的运营者。同时，这些大公司获批回收一部分"死"资产。这部分资产由于受到自由化运动的冲击，盈利能力无法得到保证（也就是处理竞争转型的搁置成本）。

---

[1] 关于加利福尼亚州电力危机，参见 N. Collin-Sisteron. La crise de l'électricité en Californie :quelles analyses et quels enseignements? Revue de l'énergie, 526, mai 2001.

除了这些一般性的组织原则，现行的电力系统也反映了各方为协调利益关系而做出的种种妥协。公共监管部门把一部分权力割让给了私人机构（CAISO 和 CalPX）；电力公司需要出售一部分资产，但是它们的搁置成本的总量（比如说在改革前做出的投资没法在现行的竞争机制下收回）却远远盖过了出售的资产；消费者在国家的保障下享受几年的电价减价福利；交易商和其他中介获得了美好的交易机会。

正是在这样的背景下，一场电力危机于 2000 年底突然袭击了整个加利福尼亚州。断电事件层出不穷，电力批发市场价格一路攀升，电力公司纷纷倒闭，1996 年的电力体系受到了前所未有的舆论冲击。

1996 年，由于加利福尼亚州能向周边国家进口电能，因此它的产能是有盈余的。在 1996 年到 2000 年，加利福尼亚州经济增速喜人，始终保持 32% 的涨幅，电力需求年增长率大约是 24%。在这样的高速发展下，其电力盈余很快由正转负。而且那段时间加利福尼亚州没有建造新的发电站，其可用的产能一直在走下坡路。究其原因，首先是因为当时环保主义者抵制建设发电站的呼声异常高涨，获得建造许可比往年耗时要长。其次就是当时严峻的形势：水资源不足导致水力发电贡献份额下降；天然气即期价格飙升造成煤电发电困难。以上所有因素都助长了批发市场上一路走高的电价。电力运输网络管理公司宣布自一月起实施轮流停电，加利福尼亚州州长启动了紧急状态。供求突然失衡也诠释了电力工业的特殊性，正如马塞尔·博瓦特（Marcel Boiteux）之言："当需求超出了一定范围，供给就消失不见了。"

2001年的事件除了形势因素，还一下子揭露了现行系统组织形式的内在缺陷。用剑桥能源研究协会的话来说，这是失败的设计，正是系统的缺陷促成了这场危机。[①]

● 第一个经济谬误就是批发价和零售价的关系。前者由CalPX决定，一旦供给失衡，价格波动极其剧烈。而零售价，也就是分销公司卖给最终消费者的卖价是有价格上限的，而且这个给定的水平比改革前价格还低了10%。自2000年12月，电力分销企业以高于130美元/MW·h的价格买入电力，以60美元/MW·h的价格再转售出去。并且最终消费者还对批发市场一路高涨的价格形势一无所知，可想这情况必然支撑不了太久。

● 为了确保交易市场的流动性，所有买卖必须在有组织的市场进行，由此阻碍了分销公司和大型消费者通过长期合同获得稳定的供应流。

---

① 关于加利福尼亚州电力危机的书籍众多，读者如果想全面地了解该事件，建议阅读François Boisseleau 和 Nathalie Colin-Sisteron 的著作。

- 现行的体系从本质上难以协调各方利益。一部分监管权力属于联邦能源监管委员会（FERC），一部分属于加利福尼亚州公共事业委员会（CPUC），还有一部分归属于地方政治部门。除此之外，CAISO和交易所之间的权责分工也是各种矛盾的导火索。最后，一些市镇企业是独立于体系之外的，这使协调工作难上加难。

除了市场组织，其他因素也加剧了这场危机：

- 从供应端，获得发电站建造许可的程序十分冗长和复杂。它反映了另一对矛盾体——环境保护和廉价电力供应。

- 最后就是一些生产者和交易商滥用市场权力、操纵价格的问题。在这点上，在过去很长一段时间里的推测如今已成为了现实。五花八门的调查和研究都显示了这场危机给纳税人、消费者、大小企业、某些市场参与人带来的巨大灾难。经济学家保罗·克鲁格曼（Paul Krugman）曾在《纽约时报》描述过"光天化日之下抢劫300亿美元"的画面。

加利福尼亚州电力危机并不是呼吁禁止市场自由化，而是指出了电力行业极端的复杂性，并要求市场设计人充分考虑多种预防措施，使市场组织能够真正地造福消费者，改善成效。加利福尼亚州政府采取的措施也过于偏激，比如说，国有化运输业，对三大企业实行再监管，重新引进场外市场等（框文 3-2）。

框文 3-2　加利福尼亚 2003

加利福尼亚州为应对 2000—2001 年的电力危机而采取的措施并没有消除新一轮气候危机的隐患。除了短期改革之外，长期政策也急需出台。

- 过去几年投资不足的现象必须得以解决。加利福尼亚州仍然需要发展大量的新产能：预计总需求是 50 GW，但是 2003 年，仅有 13 GW 在建设中或运行中。加州虽然鼓励南北部电力网互通，但是投资力度仍然有限，线路拥堵风险还是很高。
- 尽管在《可再生能源组合标准》的号召下，能源形式多样化方案得到了一定的发展。但是，90%的新产能还是依靠于天然气。建造天然气管道也许能保证供应安全，然而怎么保证天然气的价格稳定性呢？
- 在规章制度层面，各方对电力工业的组织形式还是各抒己见，难以达成统一意见。而对于投资者，他们更加期待建立一个竞争性的批发市场。
- 不存在一个机制能促使加利福尼亚人在需求高峰时减

少电力消费，这点和美国其他州的情况截然不同。

- 2003年，个人和工厂支付的电力零售价格分别比全国平均值高出42%和71%。规章制度上的不确定性和国家在此次危机中谈判的合同是造成该价格差异的主要原因。

- 加利福尼亚州大多数企业的财务情况都不容乐观。一些交易商、电气公共事业为避免被指控操纵电价和联邦能源监管委员会签订了相应条款。

数据来源：Sophie Meritet，CGEMP，巴黎第九大学能源地缘政治与原材料中心（Paris-Dauphine）

美国：汲汲于标准市场设计

加利福尼亚州电力危机让美国政府开始深刻地反思过去在电力市场引入竞争机制所采取的手段。这场危机爆发后，美国非常迫切地想知道世界上是否存在一个"万金油式"的最优的市场设计，可以适用于一切地方，特别是美国各州。但是在美国，不同的电力体系同时存在，而且不总是互通的，这给其探索标准市场设计带来了极大的困难。美国联邦能源监管委员会采取的所有合理化的措施由于触及某些州的利益而被各地的监管部门驳回。所以，继加利福尼亚州电力危机、安然公司倒闭、美国东南部地区大面积停电之后，许多联邦州都决定推迟或暂停各自的市场自由化方案。2010年，仅有20个不到的州存在竞争性的零售市场，美国联邦能源监管委员会根本没法强制推行标准市场设计。这解释了美国形形色色组织模式林立这一现象。但是其中也不乏一些比较令人满意的组织模式，比如说，宾夕法尼亚、新泽西、马里兰三州的模式及得克萨斯的模式。

刚才提及的几个分析点，主要是为了强调电力行业的四大典型问题。

一是世界上并不存在最优市场组织模型。经过15年左右的研究、摸索，我们得出的结论是在现有的组织模型中，没有一个是高效的、可推广的。我们甚至可以怀疑这个最优模型是否真的存在。有些模型在事前看来是有效率的，但事后就暴露出来很多问题。

二是价格存在波动性。电力不可储存的性质和频频出现的一些可改变供需情况的特殊事件（如事故、暴雨、温度的剧烈变化）都将导致电价波动幅度远超其他能源商品。如此剧烈的价格波动使风险管理几乎不可能。

三是市场力量存在问题。价格波动和缺乏召回手段，给市场参与者创造了操纵价格、扭曲竞争的机会。

四是市场机制似乎无法自动实现供需平衡。因此某些国家尝试建立一种"能力机制"来取代市场机制（框文3-3）。这种扭曲市场规则的做法在最初的一段时间可能会遭到排斥。

框文 3-3　能力机制：一定是坏的吗？

电力工业的垄断结构继续向更加开放、更具竞争性的方向发展，但是近来爆发的危机或多或少打乱了自由化的节奏。各州政府忙于保证电力供应安全、价格稳定和保护环境，并打算设立一些机制吸引投资。这些机制虽然不能完全解决电力输送问题，但是至少限制了人们"自如"地用电，减少了价格的波动幅度并限制了价格上限。供给、需求、价格三者将无法互相影响。在整个 20 世纪 90 年代，人们对未来市场演变轨迹除了迷茫还是迷茫。

电力必然也离不开政治。建立一个真正的能源市场必然涉及运行良好并能自动实现保值工具发展的电力市场。在电力紧缺、等待产能到位的时候，相应的需求也应该及时做出回应。但是任何政府都不愿意接受价格波动和停电，特别是在选举的时候。为了保留自由的市场，比较好的选择就是建立一些能干扰市场规律的运行机制。在这种情况下，如果石油的可信度和流动性回来了，产能限制被取消了，那么以上机制有可能被撤回。

因此能力机制主要是干扰市场。在多数情况下，未成熟的市场更加有利于金融衍生工具的发展和发挥。能力机制在此看来是一个必要的瑕疵，但仅仅是因为政府并不打算采取全套的措施来建立一个严格的能源市场。

数据来源：Scott Foster，剑桥能源研究协会（CERA）

电力市场，正面市场及市场力量[1]

根据完全竞争市场理论，生产供应企业对价格没有任何影响力。它们是价格的接受者，只能被动地接受供求均衡时的市场价格并去适应这个价格。它们不具有动摇市场的力量。

事实上，市场是不完美的，企业规模不一，其市场份额也不同，其中一些企业能够对市场施加影响从而成为价格制定者。因此所谓企业或集团的市场力量，是指其能持续地使价格偏离均衡价格水平的能力。价格有可能往高处走，符合商人逐利的特点；但也有可能往下走，为了干扰竞争，拉高行业进入门槛，威慑潜在的敌人（之后又重新把价格提上去获取利益）。以上可以是一个企业的行为，我们可以说该公司滥用优势地位；但是也可以是多个大公司共同的行为，也就是我们所谓的卡特尔、结盟、明里暗里的勾结。显而易见这样的行为是违反竞争规则的，触犯了美国的反垄断法和欧盟条约的第81、82条。

---

[1] 基于这些问题，读者可以参考 François Boisseleau 的文章 La question du marché pertinent dans le secteur électrique 和 Sophie Méritet 的 L'émergence du pouvoir de marché dans les marchés électriques : le cas des Etats-Unis . Economies et sociétés, série Economie de l'énergie, 2003.

通常情况下，能否拥有并实施市场权力是与企业的组织结构挂钩的，尤其是在该企业占据市场主导地位并垂直整合、开展综合业务的时候。一般来说有三种市场权力形式：横向、纵向和联合。但是该分类模式并不适用于电力行业，毕竟是出自一个世纪前美国反垄断法对市场权力的阐述。我们需要专门研究电力市场。

横向市场权力主要是指以个人或集体的行动影响一个给定的市场的价格。这个市场可以是批发市场、零售市场、平衡市场和拍卖市场。生产者拥有的主要武器就是他们的生产基地。他们可以通过关闭一些发电设备，并搜集一些技术上难鉴别的借口（故障、维修等）而非常容易地达到限制产量的目的。该行为可能直接影响价格，但也有可能通过线路拥挤来间接影响价格。再者，生产者也可以通过买断运输能力，造成市场短缺从而干预价格。此外，对于某些优势企业，还可以借助一些交易行为来左右价格。具体手段我们将在之后提到。最后，在价值链下游——供应环节也是有可能出现使用市场权力的现象。这也就是我们所说的企业互相勾结，瓜分市场或对秘密价格达成统一意见的行为。

纵向市场权力出现于一个企业兼营生产和分销两大业务的时候。在下游，该企业拥有非常稳定的客户资源；在上游，由于其成本独立于批发市场价格，企业往往拥有稳定的供应来源。因此相比于那些行业新星和非整合的企业，这类企业往往体现了非常明显的竞争优势。欧盟的情况就是个典型的例子。特别是英国，去纵向化之后又紧接着进行再纵向化，从而巩固了市场的地位。当然英国能源是个特例，它可以说是非整合模式的受害者。另外，纵向整合使不同类型客户间的交叉补贴成为可能。一般来说，这是个人消费者"补贴"工业消费者。再者一旦电气合一，电力行业的垂直市场权力还将进一步加强。对于一个供电商，优先拥有天然气资源将成为拉开他与其他竞争者之间差距的一个重要优势。原则上来说，"解绑"限制了市场权力的实施。

联合市场权力来源于企业跨行业、跨地区经营的行为。一个涉及多行业的企业，也就是多业务公司可以通过高收入业务补贴竞争激烈的弱势业务，来提高后者的竞争力。该战略对于那些跨地区经营的企业也适用。

对于竞争监管部门来说，区别持有市场权力和使用市场权力是必不可少的一道环节。同理，对竞争的立法也对拥有优势地位（本身是无罪的）和滥用优势地位（是需要制止的）做了严格的区分。

什么是正面市场？

竞争监管部门的职责就是发现并惩处滥用市场权力的行为。为了抓出相应的违规行为，竞争监管部门需要思考的第一个问题就是什么是正面市场。自 1890 年《谢尔曼反垄断法案》实施以来，这个问题就一直困扰着人们。在怎样的市场上我们可以一眼识破被私人意图掩盖的曲解竞争的行为？在企业收购兼并的操作中其实也存在这个问题。

正面市场的定义涉及多个因素。

首先，什么产品、什么市场？在电力系统里，第一个问题就已经很复杂了。从原则上讲，每千瓦时电是同质商品，没有替代商品，价格需求弹性趋近于零。然而消费者可能要求供电商在下一秒、明天或是接下来一整个月向其提供电力。这就涉及不同的产品。因此需要区别不同的市场：交易所、场外市场、平衡市场、低峰时段、高峰时段。但是仅做这样的区分还不够，因为电力商品间的替代可能性太多了。比如说买卖双方协商达成的 10 MW·h 次日供应的合同可以视作从交易所拿到的 24 份每小时电力供应合同。

其次，地域因素。有些输电网络是完全孤立的，因此识别其覆盖区域是非常简单的。但是如果我们想在那些互动密切的地区，比如说，在欧洲大陆探索正面市场的定义，该工程就变得颇为棘手。因为我们必须同时考虑地区间互相交流的能力和可行性。2001 年，在法国电力公司收购德国巴登-符腾堡州能源公司（EnBW）时，欧盟委员会为了预估该兼并行为对竞争机制带来的影响对该案进行了审核。在此案中，正面市场，既不是德国市场，也不是欧盟市场，而是法国市场。根据欧盟委员会，法国电力公司控股德国巴登-符腾堡州能源公司有效地阻止了后者进入法国市场，因此削弱了法国市场潜在的竞争性。为了让此次收购顺利实施，法国电力被迫每年在拍卖市场出售部分产能，以加强供给端的竞争。之后在法国就出现了虚拟发电站。因此"药方"的效率问题点燃了一场大辩论。

最后，时间因素。时间因素也应该在考虑的范畴之中。次日供应合同并不能取代用来平衡线路的每千瓦时即期电。这层关系让以美国为首的竞争监管部门开始重点关注用电高峰时段，因为该时段最容易产生价格操纵机会。

衡量垄断势力强弱

理论上，衡量垄断势力强弱最准确的工具是勒纳指数。从公式 $L=(P-MC)/P$ 看，市场价格和市场价格与边际成本的价差建立了关系。该价差越大，意味着市场垄断势力越强。但实际上，该方程在多数情况都是无法使用的，因为边际成本的准确数据难以获得。因此我们只能依靠另一个工具——产业集中度。集中度越高，代表着市场上存在非常强的垄断势力。这里有两个关键要素：企业数目和其市场份额。最常用的指标是赫芬达尔-赫希曼指数（HHI）。产业集中度等于市场各竞争主体所占市场份额的平方。在完全垄断市场中，该指数等于10000（100×100）。如果该市场是由许许多多小公司组成的，那么该指数趋近于零。对于拥有100个公司，每个公司占有 1% 市场份额的市场来说，该指数为 100（100×1×1）。

无论是美国还是欧洲的竞争监管部门都经常使用 HHI 指数，尤其是在审核企业的收购兼并时。HHI 指数低于 1800 的市场被视为竞争市场；高于 1800 的市场可能存在垄断势力，值得监管机构进一步审查。

但是，HHI 指数的使用仍然不是尽善尽美的。猜测市场可能有垄断势力是一码事，但是证明该垄断势力滥用优势地位就又是另一码事。比如欧盟已经前前后后进行了不少计测工作。[1] 这些调查显示，英国生产者之间的实际竞争强度最大（HHI=609），法国电力公司在法国具有优势地位（HHI=7757），比利时的 Electrabel 占领本国市场（HHI=7396）。但是欧盟忘了考虑这些强势企业在整个欧洲大陆的影响，上述数据只是各国各自的统计数据。对整个欧洲大陆的计算结果也不是太令人满意（HHI=1504），因为测量范围并不包括那些暂时或一直被孤立的地区。另外，指数的计算是基于装机容量，并不能完全反映各行业主体对不同相关市场的行动能力。但是我们也非常理解生产者之间的竞争强度是和现有的生产者数目紧密相关的。这也解释了为什么

---

[1] François Boisseleau. op. cit.

英国和意大利纷纷选择打碎原来非常集中的产业结构，鼓励外部企业进入行业。比如1990年，英国中央电力局率先分裂成三家电力生产公司。到了2004年，电力生产企业上升至40多家。

在美国，大量的调查报告显示电力生产者和交易商曾多次在多个州操纵市场价格，尤其是在电力高峰时段。[1] 电力市场的极端复杂性使不法分子频频有机会捡漏，直接导致了最初设定目标的破灭。

安然公司：是史诗，也是败笔

安然公司的落败可以说是美国工业历史上最惨烈的倒闭案之一。它的大起大落恰如其分地揭示了电力市场自由化进程中机遇与危机并存的局面。安然公司是1985年休斯顿天然气（Houston Natural Gas）和Internorth合并而来的，起初是一家专门做天然气生产和运输的公司。作为州际天然气运输公司，安然公司几乎占有并攫取了所有的天然气套利机会：不同时间、不同地区，断电可能性，生产、配送和储存层面的机动性。随着电力市场的开放，这种我们称之为"市场经济智能"的经验也可以推广到电力行业，还能创造电力市场

---

[1] Cf. Sophie Méritet. op. cit.

和天然气市场之间的套利机会。短短几年间，安然公司就成为了一名合格的金银匠，比如说，它向一个橙汁生产商提供天然气，天然气价格久而久之就趋同于橙汁的价格；或是它支付给供电商一笔钱让其停止生产，它自己回收并高价转卖在生产电力过程中剩余的天然气，再在批发市场上买入廉价的替换电力。

这样的决策正是体现了选择理论的巧妙运用。每个资产，无论是电力资产还是天然气资产，都提供了单一使用、多样化使用、不使用三个选项[1]。所以安然公司能比供电商更好地估测选择的价值。它知道在价格波动非常剧烈的市场上进行套利，收益将是非常可观的，但危险系数相应也是极高的。

套利行为的复杂性绝非仅限于安然公司专家们所推测的程度。进行套利需要掌握以下几种知识：洞察价格、成本、供求；减少信息不对称；熟悉各种类型的规避风险的法律合同。一方面安然公司可以说是创新手段的领跑者，另一方面它还是一个做市商[2]，创造了许多新市场、新需求和新机遇。无论是在国内还是全世界，安然公司既经营实体市场、金融

---

[1] 关于选项的具体内容，可参见 Delphine Lautier. Les options réelles : une idée séduisante, un concept utile et multiforme, un instrument facile à créer mais difficile à valoriser. Economies et sociétés, série Economie de l'énergie, février-mars 2003.

[2] 做市商，又称"造市者"，是指金融市场上一些独立的证券交易者。

衍生产品，又充分享受新互联网经济带来的机遇。在所有安然公司引进的创新产品中，我们拿天气衍生工具举个例。该金融工具能够覆盖所有与天气有关的风险。比如极端高温或低温的环境特别容易导致电力紧缺，从而使电价飞涨。在这种情况下，对于那些一开始就在批发市场购买了天气衍生工具的人来说，就能完美地避开因天气变化而造成的电力损失。[1]安然公司另一大创新就是2000年上线的互联网市场——Enron Online。该网上市场既买卖电气，还交易其他资源，如金属、纸浆。而安然公司是所有交易的对接人。在前几个月里我们还相信线上交易将呈爆炸式发展，但事实证明网上市场不过是过眼云烟罢了。

　　安然公司曾给政治、经济、金融各大机构留下极为光鲜的形象，曾一度受人褒扬、效仿，是所有公司学习的榜样。即使是在安然公司倒闭前的几周，纽约的一家大型商业银行还向客户不遗余力地推荐安然公司的股票，称之为"最最看好的股票"。

---

[1] 关于天气衍生品，参见Christian Chevalier. Les dérivés climatiques dans le secteur de l'énergie : une réponse au besoin d'assurance induit par la dérégulation . Economies et sociétés, série Economie de l'énergie, 2003.

事实上，安然事件中有好几点值得我们思考。[1] 没人能否认安然公司曾打造智能市场平台，使自身快人一步抓住商机。但是随着信息和行为的扩散，一个公司不可能始终都在创新。安然公司可能在某些市场、电力或通信传输贸易上冒的风险过于高了。此外，安然公司曾被人指控在加利福尼亚州电力危机时违背竞争规律。在电力市场上，我们可以利用市场的漏洞获得利润；我们也可以扭曲竞争。前者表现了智商，后者则有悖于诚实的美德。

但是安然公司的破产主要是企业管理不善导致的。一群游手好闲、不务正业的管理人员为一己之私挪用公款。就像《财富杂志》上所描述的那样，这些人撒谎、欺骗、背叛。他们做假账，掏空了公司，还强行将员工养老方案与公司股票绑在一起，强迫企业员工买入公司股票，而他们自己却适时转卖手中的股票。难道他们不是天生的骗子吗，还是仅是形势所迫？当然，法庭已经给出了公正的评判。

---

[1] 关于安然公司，可参见 Jean-Marie Chevalier. Enron:l'épopée et la faillite.Futuribles, mars 2002.O.Pastré,M.Vigier . Le capitalisme déboussolé. La Découverte, 2003. Marie-Anne Frison-Roche（éd.）. Les leçons d'Enron. Autrement, 2003. 在该书中能找到美国参议院 2002 年度报告的译文，上面详细地列出了安然公司董事会在倒闭案中扮演的角色。

交易

　　电力市场上的交易角色是许多专家讨论的主题。新市场的出现也带来了新的交易角色——交易商。交易商与经纪人不同，他持有某项资产并预备将其转手出去，而后者仅仅为买卖双方牵线搭桥的中介，赚取佣金，不承担市场风险。这些交易商主要有以下几类：一是纯粹的交易商，自身没有生产设备；二是银行；三是大多数大型供电商都下设的交易部。起初电价的巨大波动可能是最吸引交易商的一个因素。但在安然公司破产、退出市场后，交易活动似乎也一下子跟着倒退了。据剑桥能源研究协会的分析显示，[1]交易活动是周期性的。理由如下：如果电力市场是完全有效的，那么交易活动就是一个正负相抵的游戏。但是市场永远都存在着瑕疵，因此交易活动是略微偏正的。然而就像安然公司的例子，当信息和行为扩散时，市场漏洞会减少，利润会下降，交易活动会倒退。如果纯粹的交易活动可以被认为是周期性活动，那么供电商的交易活动就可以被视作增加市场流动性的重要推手。安然公司破产的内部资料向社会公开揭露了交易活动也可以是腐败的，因为总有人想对营业额、会计结果做假。为

---

[1] Tanguy Le Quenven. Turning the wheel of fortune : European power trading. CERA, 2003.

此我们还建立了一个完整的虚假交易词汇库以向公众展示电力市场上可能出现的欺诈行为。[1]

完全放开竞争？

在我们的想象里，一旦电力市场完全放开竞争，那么最终消费者将不再屈服于垄断企业，能够自由选择供应商，进而成为这场市场改革中最大的受益者。但是时至今日，市场开放程度到底如何呢？市场开放到底带来了哪些影响呢？

对于这两个问题，我们同时需要保持高度的警惕性和前瞻性。在美国，经过 2003 年的加利福尼亚州电力危机和大面积停电事故，许多州都暂时停下了自由化的脚步。

在欧洲，电气市场实现自由化的期限已经被确定下来了，对于职业消费者是 2004 年 7 月，对于其他消费者是 2007 年 7 月，其中包括家庭消费者。

在世界上其他地方，情况显然是非常矛盾的，但是总体形势是偏向反对派的。毕竟市场自由化进程中的种种困难进一步强化了电力商品的政治属性。

显而易见，并不是所有消费者对市场自由化的承诺都有着相同的敏感度。首先是职业消费者和家庭消费者之间的差

---

[1] F. Boisseleau, op. cit.

异，再者是两大类型内部的细分。

职业消费者

首先我们要提到的就是工业消费者，在他们的生产过程中需要消耗大量的电力和天然气。他们对市场转型、引入竞争机制的敏感度取决于以下三个方面的因素：

第一，能源消费账单的金额及其在总生产成本中的比例，当然是最重要的一个因素。以前这个账单是个定值，现在成为了一个变量。以前账单是由垄断企业寄出、发往客户的财务部，现在则是买卖双方通过协商、反映在合同条款上。买卖能源的职业也出现了新的内容。

第二，每个工业消费者需要面对的竞争强度，是另外一个考虑因素。现今全世界的电力行业竞争都异常激烈，所以不管是大企业还是小企业都会采取降低成本、缩减超额成本的战略。能源是我们到目前为止最能采取措施的一个方面。

第三，随着一家企业旗下分店越来越多，总部自然会采取标杆分析法，比较每家分店的能耗和总支出。在欧洲，欧元的流通极大地促进了标杆分析法的使用，许多企业恍然大悟价格的巨大差异性。此外，企业开设分店也有利于其发现廉价的供电商，签订一个供应合同就能满足总部和分店所有的电力需求。在英国，除了大型工厂，第一个签订供应合同的职业消费者就是麦当劳。

让企业自己认识到能源账单的重要性，这可不是件容易的事。企业家必须对当下的变革、市场的运行机制及其变化趋势和预期的降价了如指掌。同时面对行业中的强势企业，他还必须具备极强的议价能力。而获得这个新专业技巧需要付出高昂的代价。此外现在购买电力往往还需要支付巨额的交易成本。

　　一旦企业家们顺利掌握了以上知识和能力，他们就可以制定电气供应的战略方针了。战略的精密程度取决于之前提到过的几个因素和预算。第一步就是建立起一个精确的能源需求表（电、气、热、汽）和数量、质量、频率要求。一旦他们完成第一步，就可以组织招标了，正式开启议价阶段。议价过程不仅要涉及电气等能源的供应条款，还包括相应的配套服务（图3-1）。其中可能会出现许多种情况。第一个极端情况是消费者直接在批发市场购买能源，但是这种情况非常少见；第二个极端情况是消费者把整个能源供应的设计和管理，甚至自主能源生产管理都外包出去。所以后来有了设施管理的概念，广义上讲就是集能源管理、楼房运行和维修、支持处理活动为一体。然而大型消费者在寻找能源供应商时会遭遇市场运行机制有漏洞，电价不能完全反映生产成本的情况。

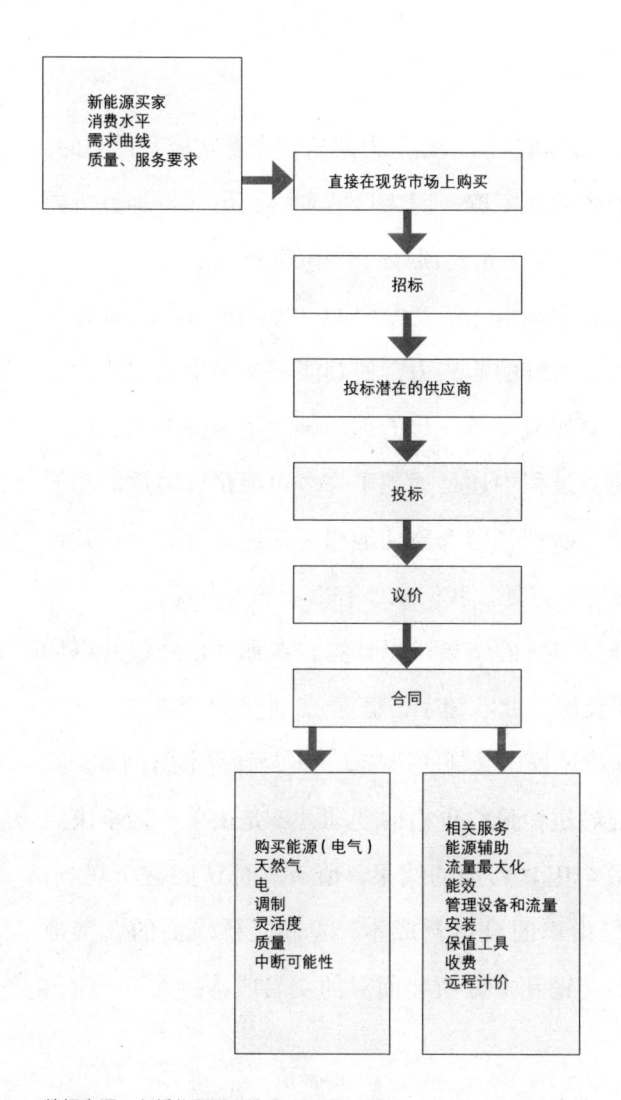

```
┌─────────────┐
│ 新能源买家   │
│ 消费水平     │
│ 需求曲线     │         ┌──────────────────┐
│ 质量、服务要求│ ──────▶│ 直接在现货市场上购买 │
└─────────────┘         └──────────────────┘
                                 │
                                 ▼
                            ┌────────┐
                            │  招标  │
                            └────────┘
                                 │
                                 ▼
                       ┌──────────────────┐
                       │  投标潜在的供应商  │
                       └──────────────────┘
                                 │
                                 ▼
                            ┌────────┐
                            │  投标  │
                            └────────┘
                                 │
                                 ▼
                            ┌────────┐
                            │  议价  │
                            └────────┘
                                 │
                                 ▼
                            ┌────────┐
                            │  合同  │
                            └────────┘
                             │      │
                             ▼      ▼
```

购买能源（电气）	相关服务
天然气	能源辅助
电	流量最大化
调制	能效
灵活度	管理设备和流量
质量	安装
中断可能性	保值工具
	收费
	远程计价

数据来源：剑桥能源研究协会（CERA）

图 3-1 在放松管制的市场上购买能源

小型消费者：企业和家庭

以上的论证逻辑从国际竞争力的角度来看是极其重要的，但并不适用于企业和家庭，因为这两者购买电气与其竞争力并没有太大关系，仅仅是其预算的一小部分而已。

市场自由化方案引入了竞争机制，确实降低了成本和价格，从而解放了家庭的购买力，使其能够把多出来的钱用于其他消费，最后如凯恩斯设想的那样刺激了经济增长。但是在自由市场建立过程中还是涌现了许多可能是暂时性的却异常棘手的问题。欧洲各国都急切地想要知道一旦完全打开市场，将带来怎样的好处。我们主要有以下三大发现。

第一，开放市场的结果难以计算。在那些已经放开市场竞争的国家（英国、北欧国家、德国），许多研究机构都尝试量化家庭在开放过程中受到的影响。[1]但是计算非常困难。原因我们已经提到过，最终价格的变动并不是由单一因素决定的，而是无数个因素相加的结果。所有人都认同这个观点，但最值得我们指出的是运营成本，也就是供应商的营销成本、技术准备花销和家庭所要面对的交易成本。大卫·纽伯

---

[1] 可参阅英国监管者OFCEM, Paul Joskow, David Newbery, Stephen Littlechild, Stephen Thomas 所做的研究，同时也可参阅 François Soult, EDF, Chronique d'un désastre ineluctable, Calmann-Lévy, 2003.

瑞（David Newbery）曾在英国的例子中指出同时考虑家庭账单减少和企业成本上升的必要性。[1] 到底解放卡庞特拉的寡妇或比利时牙医[2]所做出的努力是不是社会福利得到空前改善的原因，这一点还未得到证实。

第二，向自由主义市场过渡。自由化进程是一次漫长的探险。能源工业尚未整合新经济带来的无限潜力。从长期来看，能源工业应该利用更加高效、更加智能的设备实现能源流的自动化、最优化及更好地监控能源流。自由选择可能会给消费者带来偌大的福音：有些消费者非常享受网购带来的便利和优惠；有些则更喜欢把一些产品和服务的购买事宜委托给专业、知名的多业务公司。这可能就是未来的模式吧，虽然前路漫漫。

第三，放开市场和合理消费。假设市场非常成功地引入了竞争机制，实现了向家庭消费者完全开放。法国一个中等家庭每年的电费大概是 900 欧元。其中账单的约 60% 是固定

---

[1] D. Newbery. Communication à la conférence de l'Institut d'économie industrielle. Competition and Coordination in the 2lectricty Industry, Toulouse, janvier 2004.

[2] 卡庞特拉的寡妇和比利时牙医是用来指代两种不同类型的股东及其在金融市场的各自扮演的角色的常用词汇。J-M Chevalier, P. Vassilopoulos. Energie. Ce que la concurrence va changer. Sociétal, n°45, troisième trimestre 2004.

成本，无法议价，包括运输成本、分发成本、公共服务成本、各种各样的税收和增值税（图3-2）。非常乐观地来说，市场自由化进程将为这户家庭减少10%的可议价部分支出，也就是节省33欧元（剔除几欧元交易费后）。这个幸福的家庭还知道使用更高效的设备可以降低20%的能耗，也就是能节省180欧元，就像我们在上章讲过的那样。

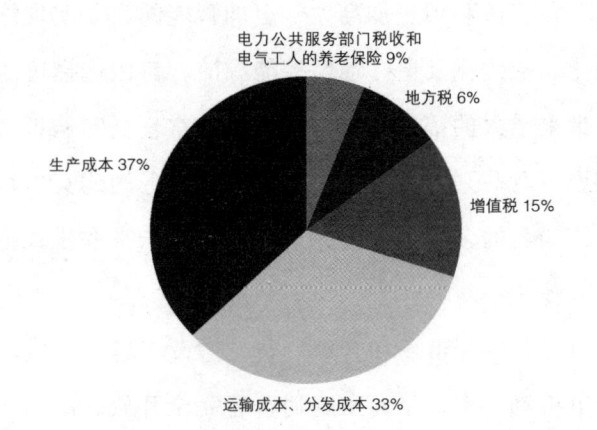

数据来源：法国能源监管委员会（CRE），2012年

图3-2 家庭所支付的含税电价的组成（2012年初）

建造新发电站

在过去简单的垄断世界里，选择投资、生产、运输是相对来说非常单调的操作。公司首先要根据高峰时段的需求变化预测需求水平，再计算每个电力分支（水电、煤炭发电、天然气发电、核电）的参考成本和预测即将建造的发电站每

千瓦时的生产成本。该生产成本类似于成长成本或长期的边际成本。它既包括该待建发电站的自有资本（投资），还包括各种运营成本。要计算该生产成本的值需要参考一系列参数：设备价格、燃料价格预期变化（煤炭、天然气、铀）、建造工期、发电站寿命、拆除成本。就这样，企业严格按照经济工程师提出的步骤一步步建立起自己的投资方案，尽量选择那些比较便宜但又能满足基础电和高峰电需求的分支。这也是为什么第二次世界大战之后法国电力公司先是发起大型水利项目，再是发起多个煤炭发电站项目、燃料发电站项目，以及在1974年进军核能界，于1980年到2000年把50余个核电站投入使用的原因。这样的投资选择几乎不存在风险。如果出现产能过剩或者超额成本，多出来的成本就会转嫁到电价上，因此并不会危及企业的资金链。法国核能产业就是高估了电力需求，导致多建造了十几个核电站。幸运的是，企业可以把多余的电力出口到电力生产不足的国家，主要是英国和意大利。

在第二次世界大战结束后到1995年这段时间里，供电商都深信规模效应将大大降低电力的生产成本，因此他们建造的发电站规模越来越大。比如说，煤炭发电站的电容从50、125、250 MW发展到500、600 MW；1981年到1999年间建造的核电站的电容也一路攀升：600、900、1200、1400 MW。然而，到了20世纪90年代，他们开始意识到复合式燃气轮机的优点，这从某种意义上终结了规模经济竞赛（表 3-1）[①]。

表 3-1 核电站对比复合式燃气轮机

	核电站	复合式燃气轮机
投资/装机容量	4400 €/kW	1000~1100 €/kW
规模	1000~1600 MW	350~700 MW
工期	6~8 年	2 年
供给的灵活度	弱	强

复合式燃气轮机所代表的技术突破及电力市场自由化进程也修改了电力公司的投资选择模式。过去无风险的垄断世界已一去不复返，一个全新的、高风险的市场、竞争世界降临了。

高风险环境下的投资决策

自由化电力市场的运行机制也在一定程度上凝聚了新型的能源风险。因为所有关于新发电站的建造决定，都会遭受

[①] 复合式燃气轮机是一种结合了普通的燃气轮机（天然气或氢燃料）和汽轮机（捕捉燃气轮机生成的热能进行运作）的一项技术。两大汽轮机同时运转用于产电。这项特殊的技术使电力产出达到55%，高于单一的涡轮机（30%—40%）。

以下风险。

一是市场风险。电力市场的两大特征就是电价的剧烈波动和价格操纵机会。对于一个生产者来说，除非市场上存在非常强势的势力，那么电价是一个外生的数据。过去垄断企业制定价格。现在从原则上讲，电力生产者都是价格的接受者。预测新电力市场上电价的变动变得极为困难。电价的变动趋势受许多因素影响，尤其是既有发电机组的使用寿命延长，新发电设备的建造，其中包括消费者为了避开市场风险而自行购买发电设备供电，以及需求变动趋势，比如夏天人们开空调导致电力紧缺，传统意义上的高峰时段（从冬天变成夏天）被打破。在这种情况下，投资者可以估计成本，但是很难预测未来的售价。

二是监管风险。电力体系的组织模式并不是太稳定。之前也发生过不少大变动，比如说，英国和美国加利福尼亚州。但是也有一些变动是在预料之中的，因为它们本质上就是为了改变计划经济。

三是与气候变化有关的风险。许多国家都采取了措施应对温室气体排放，但是对于这些措施的性质、规模、日期及影响，我们还是没法获取到准确信息。欧洲在2005年发起的排放许可市场对于投资者选择产能产生了重要的经济影响。

这样的不确定性也加剧了投资决策的复杂性。[1]

但是，各大电力分支遭受这些类型风险的程度是不一样的。相较之复合式燃气轮机，核能和可再生能源目前处于瘫痪状态。

核能的弊端

不确定和风险的增加并没有刺激新一轮的核能投资，因为核能本身也有一些风险：一是公众对核能的接受度；二是核废料埋藏和拆除核电站的成本。

首先，建造新核电站必须征得所有国民和地方居民的一致认可。我们曾讲过，在欧洲，每个人对核能的接受程度是不一样的。福岛核电站事故加深了某些国家对核电的敌意（如意大利、瑞士），甚至加快了某些国家脱核的进程（如德国）。但也有一些国家为了丰富能源组成和减少温室气体排放，大力发展核电，如英国、荷兰、芬兰、波兰、保加利亚、斯洛伐克和捷克。而法国这个过去一致赞成核能的国家现在也决定减少核电的比例。2012年，芬兰和法国建造了两座压水反应堆。

---

[1] Julia Reinaud. Emissions trading ans its possible impacts on investment decisions in the power sector. International Energy Agency, Information Paper 2004（mémoire de DEA de l'Université Paris-Dauphine, CGEMP, 2003）.

事实上，自福岛核电站事故之后，核设施的安全问题及相关的成本（维护、维修、拆除、核废料处理）被推上了风口浪尖。世界核电站的未来如何（关闭、寿命延长、新建）在很大程度上取决于这些问题及可能的解决方案。

　　以使用和加工放射线原料为主要活动的核能工业最突出的一点就是存在长期的特定成本，即处理核废料和拆除核设施相应的费用。在这两大问题上，目前各国的经验尚浅，还不存在通行的国际标准。比如说，一个核电站完全停运之后，其拆除工作可以分为好几个连续阶段。所以在前期我们很难预测拆除的精确成本，以及预算是否足够完成整个工程。而核废料的处理工程更是浩大，因为它除了上述问题之外，还存在如何对埋藏地选址的问题。并不是所有国家都像芬兰一样，地方民众同意划出一块地来埋藏核废料。

　　核产业经济因此被两重困难束缚：一边是特定成本，另一边是放开竞争。具体来说，如果我们站在私人投资者的角度比较核电站和复合式燃气轮机，我们往往会考虑以下因素：

- 选择核能意味着巨额的前期资本投入：大约4400 €/kW，而复合式燃气轮机只需要1100 €/kW。
- 核电站的建造工期显然更长，至少需要六年时间，而复合式燃气轮机的工期往往在两年之内。
- 核工业存在规模经济，因此体量巨大，装机容量在

1000—1600 MW。而复合式燃气轮机更为灵活，其装机容量是350—700 MW。鉴于未来的不确定性加大，小体量更能适应需求变化。
- 私人投资者往往更愿意投资复合式燃气轮机，因为能较快地回本。换句话说，回本周期越长，就越不利于核能的发展。
- 复合式燃气轮机每生产一千瓦时电的成本确实依赖于天然气的价格，但是这种价格风险是可以通过合同来规避的。①

芬兰的案例也证明了核能的两大劣势都是可以被超越的。芬兰电力公司（TVO）的股东都是造纸商。这些企业都需要一年365天、每天24小时稳定的电流。面对市场风险，它们摩拳擦掌想和供电商签订固定电价的供应合同。

可再生能源的劣势

风、阳光、水力、生物质能等这些可再生能源光靠市场

---

① Jean-Marie Chevalier. La difficile question du financement du nucléaire. Mine Revue des Ingénieurs, janvier-février 2003. P. Zaleski, S. Méritet. L'énergie nucléaire face à la dérégulation des marchés d'électricité. Revue de l'énergie, n°547, juin 2003.

机制是无法发展的。这些行业往往有不少短板：昂贵、功率小、分散化、不能保证稳定供应，因此融资极为困难。但是仍有一大批国家，特别是欧洲国家认为要实现可持续发展就必须鼓励和加快可再生能源的发展，欧盟甚至还为此颁布了一条法令。我们之后会再解释为什么这些国家会选择发展可再生能源，现在我们强调的是未来国际能源工业将会更加重视每个能源分支带来的危害：各种污染和安全隐患。虽然可再生能源也会带来一些负面影响，但是相比于化石能源，这些危害基本上可以忽略不计。因此，能源的发展正面临一场危机：在市场机制刺激下蓬勃发展的化石能源行业拒绝对其带来的危害负全责，而可再生能源虽然社会成本更小却被市场机制拒之门外。在这种情况下，国家需要采取干预措施去支持可再生能源的发展。

必要的政府干预

如此看来仅凭自由的电力市场似乎并不能保证未来新产能的建设。如果放任自流，我们将陷入经济繁荣与萧条的交替循环中：在生产过剩（极容易在自由化进程的前期出现）的情况下，电价由于竞争而下降，直到与短期的边际成本看齐。电价被维持在低于成长成本（新发电机组生产每千瓦时电的成本）或长期的边际成本的水平。在这样的情况下，潜在竞争者会丧失信心，投资活动就不会产生。一旦产能不足，电价上升，市场才会鼓励建造新的发电机组。而这些新的发电机组在大多数情况下是复合式燃气轮机。除非政府有意的引导，否则可再生能源和核能一直是排除在选择之外的。

而建设新产能的整个过程都需要特殊的干预模式。首先是为了监督投资有没有及时到位，其次是为了保证生产园区一定的多样性。无论如何都不能回归纵向整合的垄断模式，而是试图把市场机制与优惠政策、限制政策进行创造性地糅合，发明出新的混合模式。第一个遇到的困难就是如何消除传统的疆域概念。比如说，欧洲大陆需要好几种形式的产能：高峰产能、只在某些线路拥挤的地区分布的偏好产能、可跨国家布置的基础产能。因此，当我们谈及公共职能部门的必要干预时，第一个难题就是如何确定干预的范围。显而易见，这个范围不再仅限于欧盟的一国或美国的一州。对电力来说，协调互相连通的线路，甚至合并同一家公司的输电线路是一个比较好的选择。2003年和2006年的电力危机已经告诉我们执行该行动方案的迫切性。

电力公共服务应该是怎样的？

在过去的五十年，电力逐渐成为了一种基础资产。在工业国家，家庭、办公楼、商店或工厂时时刻刻需要用电。长时间断电将会产生非常严重的经济损失，特别是对于冷藏行业。法国1999年的大暴雨一下子使数百万家庭陷入了黑暗中，无论是燃气、燃料锅炉、汽油泵还是供水系统都处于瘫痪状态。但是，我们要看到的是全世界近十五亿人口还没有用上电。这部分人不但被剥夺了一项必要的资产，还被剥夺了经济发展的可能性。

在法国和欧盟的其他国家，电力公共服务部门是建立在以下基本原则之上的：持续、普世、平等、适应。[1] 电力作为一项基础资产的地位也在 2000 年 2 月 10 日正式写入法律，至此人人将拥有使用电力的权利。而法国的情况尤为有趣，公共服务部门这个概念曾一度被认为是抵制市场自由化和欧盟法令的一个有力论据。在当时，这个观念在成本方面还没有严格的定义和量化，频频被当作证据使用。随着市场的开放，这个概念也开始慢慢发展起来。2000 年的法律正式给出了电力公共服务的定义，能源监管委员会也第一次在其 2002 年年报中估算了电力公共服务可见部分的成本。

2000 年 2 月 10 日法律第一条明确了电力公共服务的目标——"在保护公共利益的基础上，确保全国范围内的电力供应。在能源政策层面，该服务部门需保证电力供应的独立

---

[1] 关于公共服务，读者可参阅 Claude Henry. Concurrence et services publics dans l'Union européenne. PUF, 1997. 也可参阅 ean-Marie Chevalier, Ivar Ekeland, Marie-Anne Frison-Roche. L'idée de service public est-elle encore soutenable ? PUF, 1999.

性和安全性，改善空气质量，抵制温室效应，优化资源管理、开发，控制能源需求，提高经济活动的竞争性，掌握未来的技术选择和推动能源的合理使用。"欧盟法令2003/54/CE更是进一步明确了成员国的电力公共服务责任："保证电力供应的安全、稳定、质量，稳定供应价格，致力于环境保护，提高能效并关注气候变化。"法国能源监管委员会认为这些要求"界定明确、透明、无歧视、可控"。

我们可以看到公共服务的定义相当宽泛，所有冠以"公共服务"的运营者可能会背负沉重的负担。自2002年，能源监管委员会开始就电力公共服务对当地行政单位造成的经济负担展开调查。本次工作主要关注两大点：一是强制性购买，二是在非互通地区的电价（科西嘉和海外省）。之所以设定强制性购买，是为了促进可再生能源的发展和电热联产。2003年，公共服务光是强制性购买合同一项就背负了近十亿欧元的债款。其中78%的款项投向了电热联产，11%用于小型水电，3%分给风力发电。此外，为补贴非互通地区的电价而产生的费用上升至四亿欧元。以上所有开销最后以3.3欧元/MW·h的价格涨幅转嫁给消费者，即个人消费者需承担3%的额外成本，大型工业消费者则承担10%（有上限）。

公共服务中专门负责关爱和帮助困难户的部分也在法国电力公司的财务核算范围内。数据显示，该处在2007年前几乎垄断了所有个体客户。

电力女神会变成巫婆？

在20世纪90年代初，世界上许多国家都尝试了电力工业的转型试验。整体情况很难统计。工业消费者出于对能源价格的考虑制定了购买战略，其能源选择也越来越广泛、越来越开放。但是向所有个人消费者开放是否对个人、集体都有利？这一点并没有得到确定的答案。毕竟我们又踏入了一个新世纪。智能电力设备、智能大楼等技术创新，组织方面的进步，价值链不同环节生产力的提高都将在未来的某一天证明向个人消费者开放的重要意义。

在生产层面，一些提高了生产力，一些正待提高。[①] 我们可以说基于一些政治、经济和环境原因，电力生产去中心化和电热联产将在未来的电力系统里占据更大的位置，自由化运动将给技术创新、组织创新带来新机遇。自由化浪潮打破了人们的习惯、常规和在某些历史时刻的既得利益。所以电的出现更多地是件好事。

然而，市场模式并不会创造奇迹，在建立电力市场过程中遇到的技术、政治问题就已经说明一切。电价的剧烈波动及价格给买方、投资方发出的信号不禁让人害怕出现短期、

---

① 强烈推荐读者参阅 Peter Fraser. Joint IEA/NEA workshop on power generation investments. 2003.

中期、长期的供给失衡和形成天上掉馅饼式的诱人利润。总而言之,原来平稳、常规、垄断式的电力行业已然转化为一片战场。实现完美竞争的梦想曾和股东式民主梦联系在一起。现实却是金钱、政治利益和社会福利之间的厮杀正从地方蔓延到世界。在这个角度下,电力工业更像是政治工业。已经化身为巫婆的电力女神正催促着我们去设计改良受管制的自由化模式。

第四章
天然气协商战

　　天然气是 21 世纪初最热门的初级能源，年增长率连续最高。原因很多：天然气是三大化石能源中污染最小的，符合了许多国家改善能源结构的需求；天然气储备丰富，尤其是加上页岩气之后，开发潜力不可小觑；复合式燃气轮机是最廉价的发电技术，因此发电也成为了天然气的主要用途之一。

　　令人好奇的是，天然气这个从 20 世纪 30 年代才开始发展起来的新兴产业比煤炭、石油、核能要平和得多，但也跟政治关系紧密。除了美国企图阻止欧洲建造洲际管道引进铁幕另一头——苏联的天然气之外，基本没有什么冲突。天然气更多是一个对话、合作、协商（尽管非常艰巨）至上的工业。相较之战争，买卖双方更加希望通过建立长达几十年的双边或多边合作关系来维持和平的局面，尽管天然气价格始终是双方争执不下的难点。

　　事实上，天然气之所以有这样的特点，是因为其物理性质。石油和天然气是埋藏在地下的动植物尸体缓慢分解形成的，其化学组成完全一样，就是碳、氢两大元素。勘探油田、气田的方法也差不多是相同的：先在陆地或海上进行地质勘探，再实施地震勘探，然后选最有利的地表位置进行钻井，有时候需深入地下数千米，最后进行最终测试；总而言之整个勘探工程非常昂贵，而且有时候可能什么都找不到。发现的矿床可能是油田、天然气田，也有可能是油气混合田。

从组成、勘探、生产流程，开发、生产成本三大方面看，石油和天然气可以说是亲密不离的"两兄弟"。但事实上一出了井，天然气和石油就"各奔东西"了：两者无论是在运输、销售还是使用方面，都表现出非常大的不同。这种"兄弟解体"的现象归根结底是因为两者的物理性质不同：一个是液体，一个是气体。一立方米的石油的能量约等于同等体积天然气的一千倍。因此天然气的运输比石油更加昂贵；两者的经济形势必然也不同。

石油的运输非常简易，价格低廉。从油井到泵，在整条产业链上都可以进行目的地的切换和替换。在每一级上都存在世界级的市场，有供给有需求。

天然气也可以通过管道和船只运输，但是由于密度低，价格大概要比石油高出7—10倍。天然气船运首先需要把天然气冷却到零下160摄氏度以下使之液化（一立方米液化气含有600立方米天然气），再用专门设计的汽船进行运输。在到达港时，液化气再进行汽化，然后输送到最终消费者手中。天然气和石油另一大不同就是天然气的使用必须配齐全套设备才能给锅炉或灶台供能。即使是液化天然气供应链也是非常固定的，因为这样的设施就是专门为连续运输建造的。

由于需要在运输投入大量的资金及配套设施，液化气供应链具有相当的刚性，至少是在天然气工业尚未发展成熟的国家，也就是除了英美之外大部分天然气消费大国。天然气对外出口一般也是建立在合同基础上的。天然气生产商通过和天然气公司签订长期合同的方式保证稳定的输出并为昂贵的交通费用筹资。合同的条款大部分是建立在天然气向最终消费者配送的价格的基础上。此刻，天然气另一大劣势就显现出来了：天然气并不是必需能源。它存在多个替代产品，比如说，燃料、煤炭、电（除非是一些特定的燃气设备）。由于天然气的运输费用大大高于石油，所以天然气和石油产品的竞争非常激烈。如果天然气不想被替代，那么其价格必须有一定的吸引力。

所以目前为止还没有形成世界级的天然气市场，只有三大区域市场，而且每个市场有不同的特点。最成熟的市场，也就是竞争最激烈的市场是北美天然气市场。其次是西欧市场，一部分天然气属于本土自产，另外一部分是从俄罗斯、非洲进口的天然气。最后是亚洲天然气市场（日本、韩国）。而日本和韩国皆不生产天然气，它们完全依赖于东南亚（印度尼西亚、文莱、马来西亚)、澳大利亚和中东的进口液化气。但我们坚信在未来这三大区域之间交流会更加频繁，而俄罗斯，这个掌握了世界三分之一天然气资源的国家将在其中扮演核心角色。除了这三大地区市场，各国都有自己的市场，这些市场相对来说比较封闭，更多是为国家或地区的利益服务，比如说，俄罗斯、中国和巴西。当下国际天然气工业正经历着深刻的改革。过去天然气的发展一直局限于某个地区，没有统一的国际市场。如今，各大市场间的联系越来越紧密，在未来很有可能形成更加国际化的市场。

天然气储备的地缘政治

如果我们以年消费量计算世界天然气（图 4-1）和石油的储备的话，石油大概还可以开采 54 年，天然气还可以开采 64 年（2011 年）。这个经常被援引的比例事实上极具迷惑性。1973 年第一次石油危机的时候，估算的石油储备是 30 年，天然气 44 年。但事实上从 1973 年到现在，不断有新的矿床被发现，巨大的科技进步也改善了矿床的开采效率和困难地区（如深海）的勘探工作。再说宣布新油田的发现并不能为石油公司带来什么经济利益，所以它们更加乐意强调世界能源储备只能开采十几年。因此，油气储备是一个非常有弹性的概念，既取决于地质条件也取决于科技手段、价格、企业战略和国家政策。

世界天然气储备大概是被大大低估的。过去石油公司只关注石油资源的勘探,并不太重视天然气的开采,除非这个气田位置、产量极佳。因为开采天然气往往比石油问题更多。首先天然气床和最终消费者之间必须建立稳定的供应关系,因为运输费用高昂,长久的需求必须得以保障。在过去,发现天然气往往是无声无息的。如果天然气和石油同处在一个矿床下,那么天然气要不就地被焚烧,要不注回矿床来提高石油的开采率。在美国石油工业有一个非常经典的笑话,是有位地质学家在报告勘探情况时说的一段话:"坏消息是我们没有找到石油,好消息是我们也没发现天然气……"

所以我们说官方公布的数据低估了真实的储量。现在天然气的需求涨势凶猛,自然对天然气的估测就准确多了。

天然气的分布并不像石油那么集中(图4-1)。中东地区占39.6%,欧佩克组织占49%,而俄罗斯一个国家就占了世界总储量的三分之一。此外俄罗斯还是世界最大的天然气出口国(22%),打败加拿大(19%),远超挪威(11%)、阿尔及利亚(10%)、荷兰(7%)和印度尼西亚(6%)。[1] 所以俄罗斯在国际天然气政治经济方面具有举足轻重的地位。一方面当然是因为它的储量(很有可能被低估),另一方面就是

---

[1] BP. Statistical review of world energy. 2003.

俄罗斯的地理位置。目前为止，俄罗斯天然气主要运往西欧。从长期来看，俄罗斯还会把天然气出口给亚洲（中国、日本）。俄罗斯可能游走于三大地区市场中间，充当调停的角色，就像石油界的沙特阿拉伯一样。

天然气田的另一大主要特征是，目前许多已探明矿田处于"等待开发"的状态。在俄罗斯、阿尔及利亚、伊朗、沙特阿拉伯，这些气田还被埋在地下，等待需求涌现，为开采、运输募得资金。天然气公司和生产国迫切渴望把天然气换成

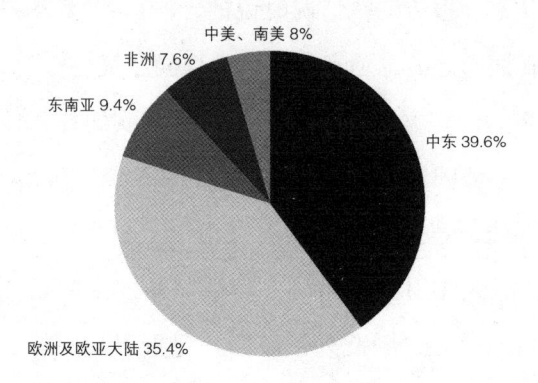

中美、南美 8%
非洲 7.6%
东南亚 9.4%
中东 39.6%
欧洲及欧亚大陆 35.4%

	1973年	2003年	2011年
探明储量（年消费量计）	44年	70年	63.6年

世界总探明储量：2084360亿立方米，该数目不包括非常规天然气储量，即页岩气；若加上，该比例将上升至两个多世纪。

数据来源：2012年BP世界能源统计年鉴（*BP statistical review energy 2012*），Centre de géopolitique de l'énergie et des matières premières.

图 4-1　世界天然气储量（2011 年）

钱，但问题就是没有市场需求，就没办法建立贸易关系，没办法为运输环节融资。以消费和进口大国（美国、西欧、日本）为中心，我们能画出一系列同心圆，从中我们可以发现消费者正越来越往外寻求能源供应。这不一定意味着天然气价格上涨，因为我们预测液化气供应链方面成本将有明显的下降。

北美天然气市场

美国和加拿大至今仍是世界排名第一的天然气生产、消费统一市场。[1] 北美天然气市场也是历史最悠久、最成熟、第一个实现自由化的地区市场。第二次世界大战之后，美国天然气消费量已经达到初级能源总消费量的 27%。当时世界上其他国家基本上还没有开始使用天然气。而在美国，已有数千家企业投身于天然气的生产、运输、交易和分配。在那里，

---

[1] 关于美国天然气，可参见 J.D. Davis, Blue Cold. The political economy of natural gas. Allen & Unwin, 1984. Ferdinand E. Banks. The political economy of natural gas. Croom Helm, 1987.Sophie Méritet 的博士论文，La convergence des industries de l'électricité et du gaz naturel: les fusions-acquisitions aux Etats-Unis. Université Paris-Dauphine, 2000.Laurent David 的博士论文，La restauration des industries gazières américaine et britannique : la réglementation de lacharge d'accès aux réseaux de gazoducs. Université de Montpellier-I, 2000.OECD. Promoting competition in the natural gas industry. oct. 2000. 另参见 FERC、DOE、OCDE 官网。

燃气管道网非常密集，工业监管制度以间断、复杂的形式发生转变。

直到20世纪20年代，量大、价廉的气床才开始被开采，先是用来满足当地居民的需求，后来随着远距离运输的发展进入了工厂和千家万户，慢慢替代了城市燃气成为了人们供暖的优先选择。只要当地居民开始使用天然气，当地政府就会设立监管部门，由此诞生了最早的监管自然垄断的模式：矿床所有人随时准备建造完善的输送、分配体系为城市供应天然气，但是为了保证自己的投资回报率，他要求获得独家买卖的权力。而国家为了保护消费者权益，打压漫天要价的垄断行为，就必须进行一定的干预。事实上这也是我们目前的监管逻辑。

自从有了跨国燃气管道，跨国运输就成为了美国联邦能源监管委员会的专属职责。第二次世界大战后，美国联邦能源监管委员会还获批干预天然气的价格制定过程。在"冷战"时期，美国主要的想法就是促进本国天然气的消费，限制天然气的进口。价格制约也遏制了天然气开发的投资，自然而然在20世纪70年代就出现了短缺风险。在1977年的前几个月里，4000家工厂和几百家学校由于天然气供应不足而暂时关闭。卡特总统被迫于1978年出台了《天然气政策法案》，逐渐放开价值限制。事实上，该法案也象征着美国天然气市场自由化运动的开端。美国天然气工业就在抵制监管失败、发展可竞争市场的呼声中开始轰轰烈烈的自由化革命。价格的放开导致了供应曲线的上升，需求曲线的下降，从而出现了天然气盈余，即"天然气泡沫"。

所以，监管部门致力于增强天然气工业结构的竞争力。它引进了著名的"解绑"，也就是产业链不同环节的分离。运输企业在某些条件下必须允许第三方进入行业。1992年，美国政府禁止运输公司从事商业活动。从此以后天然气交易必须借助分别的合同来实现天然气的购买、运输、储存、分配和销售。以上所有合同都可能流转到二级市场或黑市。

刚才我们用短短几行字总结了一下美国天然气行业冗长而复杂的监管组织演变历史。事实上这是一次能源市场自由化的长期试验。详细的演变史也揭露了不同主体间不断的实力较量：美国各州的利益（根据生产者或进口者的身份）、国家利益、所有相关的大、中、小企业的利益。在此基础上，还要加上以上各个团体的选举分量和根据选举日程采取改变的时机。美国天然气行业的例子告诉我们监管、放松监管、再监管这种大规模的运动毫无疑问都是建立在市场政治经济和市场有效运行的基础上的，从本质上来说，也属于纯粹的政治学的范畴。

现货市场、贸易中心、远期市场、衍生品

自从天然气产业被分割成独立的几块，天然气市场真正实现了开放。短期（约一年）的双边交易和即期交易的数量在 20 世纪 80 年代中期快速增长。

活跃于天然气市场的主体数目得到了极大的提高：除了生产商和运输商，还有工业消费者、经纪人、交易商和做市商。电力生产者在这些市场上尤为活跃。美国的运输网络如今是在贸易中心的基础上组织起来的。所谓贸易中心，就是若干条管道相互交叉的地方，也是对不同来源的天然气就价格、数量、日期和配送地方面进行套利的地方。这种类型的贸易中心为天然气和相关服务标价：从一地至另一地之间的运输、短期或长期的储存、在给定时间内预支款或贷款。[1] 有些价格纯粹就是市场价格，也有一些需要服从一定的监管限制。这些市场允许多种多样的互换机会，不仅是天然气之间的，还包括天然气和电力之间的互换。安然公司就曾抓住了这些新的套利机会。在美国市场上大概有四十多个贸易中心。名气最大的当数路易斯安那州的亨利贸易中心（Henry Hub），位于十几条大型天然气管道交叉地带，拥有巨大的盐穴储存能力。

乔·克罗伯（Joe Koeber）[2] 解释说，随着贸易中心、现

---

[1] AIE. Flexibility in natural gas supply and demand. 2002.

[2] J. Koeber. The development of a UK natural gas spot market. The Energy Journal, vol. XVII, n°2, 1996.

货交易和即期标价越来越多，就产生了必要的波动性和流动性要求，然后远期市场和保值的衍生工具才能发展起来。自1990年起，亨利贸易中心的标价就成为了纽约商业交易所（NYMEX）天然气远期合同的配送参考价。

竞争逐步放开不仅造成了市场数目的增加，还加大了不同市场上价格的波动幅度。过去由于天然气在美国的能源表上占据比较高的份额，所以美国天然气价格一直是低于欧洲天然气价格的。然而在2000—2001年加利福尼亚州电力危机期间，美国天然气价格暴涨。而且价格的攀升并没有起到刺激国内生产的作用，就像前几年的原油一样，美国天然气的生产力已经"达到极限"。在三年内，天然气价格提高了三倍。联邦储备委员会（FED）主席艾伦·格林斯潘（Alan Greenspan）这个过去甚少关心天然气的人也开始重视天然气短缺问题的严重性，并要求增加天然气进口。

在2000年初，美国的天然气消费模式从自产自足迈向依赖进口。加拿大是美国进口天然气的第一目标国家。墨西哥的天然气开发潜力也非常大，美国总统布什甫一上任就造访墨西哥，但是墨西哥政府出于一些历史、政治因素并不太愿意打开国门，不欢迎外国公司来本国开采资源。对于美国来说，只有大幅度提高液体天然气的进口量才能解决国内的短缺问题。[1]但是页岩气的发现及突飞猛进的发展使美国迅速扭转了局势，还隐隐有成为净出口国的趋势。

打造西欧天然气市场

时至今日，欧洲天然气市场建造工程尚未竣工。在欧洲，天然气发展起步晚，无论是燃气管道的密度还是为将来监督统一竞争市场而设的监管机构都不能和美国相提并论。事实上，每个欧洲国家都有自己的天然气历史，而且基本上都是由国家把持整个天然气行业，当然除了德国。我们首先带大家回顾几个历史事件以便大家更好地理解目前欧洲的天然气问题。欧洲使用天然气的历史首先是从几个地方气田开采开始的，后来天然气发展势头良好，大型的欧洲天然气公司就有了更加野心勃勃的计划，其一就是把天然气管道一直建到俄罗斯、阿尔及利亚、挪威去，把外国的天然气进口到西欧来，其二则是提高液体天然气的进口。这一大转变绝大多数都是靠长期合同完成的。由此可见，欧洲的转型无论是在结构，还是在时间顺序上，都显得有点脱节，与美国走过的路完全不同。在美国，天然气行业监管属于调解私人利益的范畴。在欧洲，1998 年欧盟天然气法令的实行给监管系统当头

---

[1] CERA．多客户研究，The new ware：global LNG in the 21st Century, 2002. 另参见 2003 年 8 月 15 日的《金融时报》。

一棒，因为后者是建立在国家和公共垄断企业共同协商的基础上。

　　欧洲第一次发现天然气床是20世纪30年代，在意大利的波河平原。在国有石油、天然气企业——埃尼的带领下，波河平原的开采成为了意大利展开工业宏图的象征。埃尼总裁恩里科·马太（Enrico Mattei）曾向所有公司员工强调天然气作为国家初次能源及制造塑料的化工原料的重要性："埃尼刚买下了亚得里亚海长约六千米的沙滩，作为员工的休息中心。有了天然气和水，我们获得了预制的建筑材料并建立了度假屋。当然我们不能让里面什么都没有。我们拿一点点天然气和水，就能生产出多种多样的塑料制品。当然这还不够舒适。我们再用天然气和水制造化纤地毯。在天然气和水的基础上，我们再加上几个小发电机，这样我们就有了家用电器。剩下就是把我们的衣服挂在塑料的衣架上，这些衣架当然也是我们用天然气和水做出来的。"[1]这番讲话生动地传达了意大利追求能源独立以及建造现代化工业的愿望。

　　虽然第二次世界大战前法国西南部曾有人发现过一些小矿床，但是法国天然气真正起步是在1951年，阿基坦有石油公司（也就是现在的诶尔夫）在拉克（Larcq）发现了天然气

---

[1] Gérard Destanne de Bernis. Industries industrialisantes et contenu d'une politique d'intégration régionale. Economie appliquée, vol. XIX, n°3-4, 1966.

田。而荷兰是于 1959 年在格罗宁根（Groningue）发现了一望无际的天然气田，并于 1964 年由荷兰企业 Gasunie（由壳牌、埃克森和荷兰政府控股）负责该气田的开采工作。在格罗宁根天然气的推动下，荷兰经济得到了快速的发展。之后荷兰还建造了天然气的管道向德国、比利时、法国、意大利输出天然气。

所以在 1963 年，欧洲天然气发展还很有限，几个大都市基本上用的还都是城市煤气。只有少数欧洲国家用上了天然气，但也不过占了西欧初级能源消费的 2%，而在同时期的美国该比例为 27%。天然气管道也是寥寥，基本上是当地有多少需求，就建造多少输气管道。从荷兰格罗宁根通向德国城市的输气管道是欧洲唯一的跨国管道。但是到了 21 世纪，一切都变得不一样了。天然气管道如一张蛛网覆盖了整个欧洲大陆。

我们需特别指出英国在欧洲天然气发展中起到了重要作用。[1] 在第二次世界大战结束后，英国并没有天然气，英国的煤气工业基本上是靠生产城市煤气及其分配支撑起来的。

---

[1] 关于英国天然气的历史，可参见 Trevor I. Williams. A history of the British gas industry. Oxford University Press, 1981.John Surrey. The structure and regulation of the British gas industry. E-J Mestmacker.Natural gas in the internet market. Graham & Trotman, 1993. Mariam Davidovici 的博士论文，Université Paris-Dauphine, 1997.

1948年，英国煤气工业被收为国有，交由煤气委员会（Gas Council）和12家地区煤气生产、分配公司（Area Boards）管理。每个配送地区都有自己的煤气厂。当时英国的煤气商对美国天然气的发展成果感到非常震撼，反观自家的天然气价格随着煤炭价格的上涨而上涨，不由地表示忧心忡忡。而且当时英国的大都市上空飘着一层厚厚的灰雾，令人感到呼吸困难。我们拿1952年伦敦的雾霾举个例子："浓重的灰雾像火山熔岩一样扩散开来，侵入门窗紧闭的屋子。它沿着地铁的台阶而下，笼罩了整个月台，六十米外人畜皆不可辨。它甚至挡住了电影院的大屏幕，只有坐在第一排的观众还勉强能看清电影。在这样黏糊糊、黑漆漆的环境下，首都的生活节奏一下子慢下来了。那些还没有完全死机的公交车在大雾中擦着轨道匍匐前进，售票员不得不跑到车的前头给车打灯。火车常常晚点很多个小时，机场基本上处于瘫痪状态。"[1]于是英国煤气商开始琢磨进口美国天然气。这才有了1959年第一批美国液体天然气乘着"拓荒者"汽船在英国坎维岛着陆的事件。这是历史上首个液体天然气海运的例子。几年后，煤气委员会制订了更加宏伟的计划，并在1964年正式和阿尔及利亚建立稳定的液体天然气运输协议。就这样，阿

---

[1] Le Monde. 9 décembre 1952.

尔及利亚哈西鲁迈特（Hassi R'Mel）大气田生产的天然气先通过300千米的管道到达阿尔泽港口，液化后一部分坐着"王子号"汽船和"进步者"汽船前往坎维岛，一部分被装上"儒勒·凡尔纳"汽船运往法国的勒阿弗尔。由于历史及地质的偶然性，英国第一次进口天然气的时间比发现北海大气田早了若干年。

20世纪60年代中期，格罗宁根气田的开采和第一批液化天然气的进口对于欧洲的能源政策是一次重要的转折。尽管天然气运输价格高，但它毕竟是一种清洁且廉价的能源。随着欧洲煤炭的竞争力一年不如一年，天然气很快就取代了煤气成为了欧洲经济的新宠。第一次石油危机的冲击更是加强了各国发展天然气的念头。由欧洲大型天然气企业组成的"天然气俱乐部"在这次重新调整方向中发挥了基础作用。尽管俱乐部成员不多：德国冠军企业Ruhrgas、法国煤气公司、意大利国民天然气管道公司Snam、比利时的Distrigaz。这些企业在各自的国家都拥有垄断权或强有力的主导地位，而且都迫切需要天然气。它们把目光投向潜在的出口国，希望与其建立长期合作关系，并集结俱乐部成员之力建造输气管道和液化天然气供应链，把天然气从海外运到欧洲。这些出口国有荷兰、俄罗斯、挪威、阿尔及利亚。其实，俱乐部也曾和伊朗商量过交易事宜，但1979年伊朗国内爆发革命，最后谈判不了了之。天然气合作谈判往往是艰巨的、复杂的，打造欧洲天然气市场至少需要 30 年的时间。① 现在我们来看看欧洲天然气出口国。

荷兰

根据两大跨国企业（艾克森、壳牌）和荷兰政府达成的利润分配协议，格罗宁根大气田的开发工作步入正轨，一开始仅是为了刺激荷兰经济，后来还为了满足出口需要。天然气贸易的确加快了荷兰经济的发展，但是也带来了被称之为"荷兰病"的一些负面影响。"荷兰病"一词最先出自于 1977 年 11 月刊《经济学家》。杂志文章指出荷兰出口天然气资源给国内的经济带来了不利的后果。首先，荷兰天然气工业创造的岗位不多，与行业对 GDP 的贡献不成比例；行业人均收入水平也开始影响其他经济活动，从而损害了竞争力和就业。再者，天然气出口加快了本国货币的升值，进一步削弱了荷兰的竞争力，促使荷兰企业不得不选择对外投资。最后，国家获取的天然气收入虚假地提高了政府支出。事实上，该收入的高低大部分取决于国际油价，而后者往往波动较大。不仅仅只有荷兰感染了"荷兰病"，很多油气生产国都有类似的症状。这一点值得我们深思。

---

① J. P. Stern. International gas trade in Europe. The policies of exporting and importing countries. Heinemann Educational Books, 1984.

能源大战

第一次石油危机前夕，荷兰天然气的生产和出口基本上由格罗宁根矿田全权负责。石油危机过后，荷兰政府开始重视陆上、海上的小矿田的开发来供应国内市场和出口。这些矿田开发成本更高，而且生产灵活性很低。于是这些小矿田赋予了格罗宁根大气田地上储备的角色，利用后者生产的灵活性来调节季度的需求变动。因此格罗宁根就成为了欧洲市场的调节者，承担平衡供求关系的责任。2000年，荷兰天然气日产最高点和最低点的差值大约是168%，当时挪威是127%，阿尔及利亚是117%，俄罗斯是110%。[1]

阿尔及利亚

1962年阿尔及利亚独立并没有干扰液体天然气供应链的建造工作。从1964年起，沿着这条线路，阿尔及利亚的天然气先是走进了英国市场，再是走进了法国市场。阿尔及利亚花了几年时间才真正掌握了天然气行业并制定了确切的出口政策。[2] 起初，阿尔及利亚政府深信出口液体天然气将带来巨大的利润，甚至还在国家东部地区斯基克达（Skikda）建造了新的液化列车。而且阿尔及利亚对价格政策方面态度十分强硬，没有

---

[1] IEA, Flexibility in natural gas supply and demand. 2002.

[2] 关于这段时期，可参阅 J. P. Stern. op. cit. 和 Jean-Marie Chevalier, Le nouvel enjeu pétrolier. op. cit.

一点回旋的余地。而油气生产企业认为阿尔及利亚的天然气价格应该等同于石油价格，毕竟这两者化学组成完全相同。它们更加支持净价原则，也就是阿尔及利亚天然气在目标市场的价格应该趋同于其取代产品的价格（一般指家用燃料）。而且在这个竞争价格的基础上，我们还要减去中间商的分配费、储存费和运输费。所以在议价方面，不管是欧洲的客户，还是美国的客户（埃尔帕索、西弗吉尼亚州、田纳西煤气公司）都和阿尔及利亚国家能源公司（Sonatrach）展开了激烈地讨论。

直到20世纪70年代中期，阿尔及利亚才开始考虑通过输气管道直接把天然气出口到欧洲大陆。1973年，欧洲大陆终于达成了一项原则协议，输气管道将取道突尼斯，从西西里岛通往意大利。该建造工程于1978年动工，但是有关价格条款和转境费的多方协商还是拖延了很长时间。1982年，工程竣工，然而协商还没有结束，仍需一年时间来解决剩余事宜。与此同时，阿尔及利亚还打算建造一条海底管道通向西班牙，但最终决定借道摩洛哥进入西班牙。1989年，阿尔及利亚和摩洛哥就建造马格里布—欧洲输气管道（GME）的几大原则达成共识。该工程于是在1992年启动，1996年正式投入使用。

苏联（俄罗斯）

西欧急需增长和丰富能源供应，它需要苏联的天然气。

早在协商之前，苏联就一直被认为是世界上持有最多天然气资源的国家。对于苏联来说，它有资源，但缺少外汇，而开发矿床、建造输气管道需要巨额的资本投入，才能把数百亿立方米的天然气运往德国、奥地利、法国、比利时和意大利。欧洲和苏联的贸易谈判是在国际政治局势相当紧张的情况下进行的。对欧洲国家来说，大规模进口苏联天然气堪称是划世纪的事件，但对于美国来说，这笔交易无疑是苏联设下的一个圈套，一旦苏联切断对欧洲的天然气供应，欧洲势必处于危险之中。美国政府于是禁止美国公司把建造输气管道有关的设备卖给苏联，要知道输气管道的一些材料只有取得美国的批准才能获得。美国此举立马激起欧洲国家的不满，双方拉开了一场激烈地争吵。最终这条绕过波兰、横穿乌克兰、捷克和斯洛伐克的输气管道还是建成了，而且运输量逐年上升。2002年，欧盟十五国共进口了740亿立方米俄罗斯天然气，分别占其总能源消费量和进口量的19%和39%。

挪威

20世纪70年代初，挪威终于意识到自己拥有着巨大的油气资源。全民热议该怎么管理这些资源、该以怎样的频率开发这些资源、如何安排待开发的地区的日程、天然气相较之石油的重点是什么？挪威议会报告直到现在还代表着以民主的方式思考自然资源开发的模式。①尽管这样的政治思考在能源历史上是独一份的，但是挪威还是没有完全逃过石油的诅咒以及随之而来的经济扭曲。②挪威海上钻探油气资源不仅是一个技术、资金挑战，更是一个重要的谈判挑战。只有经过谈判，才能知道应该把油气运往何方、运给哪个买家。尤其是埃科菲斯克（Ekofisk）油田和Statfjord油田曾激起了挪威和英国之间的矛盾，于是挪威政府让两条分别连接大不列颠岛和欧洲大陆的运输线路进行竞争。

　　挪威气田的开发可以说是充分调动了国际能源社会的技术、资金力量。因为这是人类历史上第一次进行深海勘探。比如说，1969年发现的埃科菲斯克地区蕴藏着巨大的开发潜力：每年大概能生产三千万吨的原油和150亿到200亿立方米的天然气。这是北海最大的气田之一。为了开发这七个矿床，挪威需要建造30多个钻井平台来开采、处理油气，并为工人提供住宿，还需要建立海下采集网络和两大生产疏散系统，一个通向德国的埃姆登港口（Emden），一个通向英国的提赛德（Teeside）。总投资成本大约为70亿美元。在当时，埃科菲斯克项目发起人飞利浦石油公司（Philips Petroleum）只有20亿美元资产，很难调动资金。所以才萌生了项目融资或无

---

① 挪威议会（1973—1974）第25期报告。

② J. P. Stern. op. cit.

追索权融资的想法。由此多家银行组建银团为项目融资，但要注意的是钱不是借给发起人，而是借给项目本身，因为发起人并不能提供足够的担保。所有银行获得担保仅仅是项目资产及项目产生的现金流。这笔现金流首先需要还清银行的贷款，剩下的才归发起人所有。之后几个大项目也采纳了这样的融资方式来筹集巨额的项目资金，比如说，英吉利海峡的海底隧道工程。这些例子反映了项目的物化，因为钱是借给项目，而不是法人。在这种情况下，银行就必须动用非传统金融手段去掌控项目的一切信息。①

天然气大宗贸易：照付不议合同

1960年至2000年，随着天然气大宗供应贸易的发展，天然气的身价在欧洲一路攀升。买方往往是需要天然气的俱乐部成员，而卖方则希望把资源换成钱。买卖双方基本上在其所在国家具有近乎垄断的地位或至少是主导地位。比如说，买方代表：法国煤气公司、意大利国民天然气管道公司、比利时的Distrigaz，这三家公司在各自国内都享有近似于独家买卖的权力，而德国的Ruhrgas在运输业独占鳌头；卖方中，

---

① 可参阅 N. Ver Hulst, J.-M Laporte. Le rôle des banques dans les grands projets énergétiques. Trygve Strom. Project financing in the North Sea. Economies et sociétés, série Economie de l'énergie, n°2, 1986.

阿尔及利亚国家能源公司和俄罗斯天然气工业股份公司属于垄断公司，而挪威特设委员会，由国家监控出口。鉴于运输方面需要大量的投资，所以关键问题就是买卖双方确立长期稳定的双边贸易关系，这样才能保证双方的利益不受损害并同时保证未来的现金流能还清贷款。资金的严重制约是一切双边协定的前提，也是照付不议合同的主要内容。当然除此之外，合同条款还包括买卖双方就其他点达成的共识。

然而，照付不议一词非常具有欺骗性，因为条款内容与实际截然不同：一旦买家完成订货，那么无论最后他取不取货，都必须付钱。这个规定主要是为了保证还清借款的现金流。但对于买家来说，其实该规定并没有那么具有强制性，因为买方往往在一个特定的供应地区"建立了"自己的天然气市场。合同其他要点主要如下。

- 买家可能的年交付量、日频率及日（周、月）弹性。弹性在贸易上是一个极为重要的概念，因为天然气需求从其定义上看就是有波动性的，尤其是在气候条件发生变化的时候。而要实现在某一时刻的供求平衡，要么需要卖家改变日产量，要么需要分配公司调节库存。所以弹性有价格也有成本。
- 年交付量在给定时期内的变动情况，一般来说这个时期有20年或25年。该数量有可能在这段时间内保持恒定不变；但合同也可能基于未来需求上涨的预测而判定未来会有一段比较长的时间年交付量呈现上升的趋势。

- 价格及其变动情况。基础价格以及计算价格变动的方式是合同的关键点。初始价格被认为能够反映首次交付时的竞争情况。之后根据合同及贸易流动的特性确定的计算方式，我们可以制作价格的波动图。该计算方式往往是通过对一揽子石油产品的加权价格进行指数化处理实现的，因为柴油、重油的价格被认为能反映天然气替代商品的价格。一般来说每次进行指数化处理前后必须有几个月的间隙，才能推算出运输延误的时间。同时该合同条款还可能考虑美元和一揽子外汇之间的汇率变化。

签订长期合同对于充分调动资源、给基础设施融资而言是必须的，因为从原则上来说合同使买卖双方避开了市场风险和价格风险。事实上，每个合同都为发展新的天然气业务撑起了一条大梁，其中有矿床开发、配套的基础设施建设（从项目角度）和贸易流本身（从能源角度）。[1] 该论据正是基

---

[1] M. Stoppard. A new order for gas in Europe? Oxford Institute for Energy Studies, 1996.

于俱乐部信奉的哲学——欧洲需要天然气。我们应该去外面寻找天然气，只有大宗贸易合同才能保证项目顺利融资。相比于石油，天然气贸易更依赖于买卖双方坚固的合作关系。

合同的最后往往还附加一些保护条款，提供了重新协商的可能性。契约双方会寻找一个原则上能同时保护各方利益的约定。一旦脱离契约双方意志之外的事件或不可抗力干扰合同的执行，那么交易双方需要就合同条款再次进行协商。比如说，天然气和最终市场上其他可替代产品之间的竞争条件有可能发生变化。合同也有可能规定一旦再谈判破裂，买卖双方承诺诉之于国际仲裁。

天然气合同涉及的金额往往巨大。事实上，合同签字前买卖双方之间的协商就是一次名副其实的利润分配战。如果我们把协商的点都呈现在一张图上（图4-2），那么我们就可以做出以下论证。在图上方是最终市场（家庭市场、工业市场、服务市场），天然气必须和其替代产品（主要是石油产品）进行竞争。买方以这个竞争价格出发，减去所有的成本项：分配成本、储存成本、高压运输成本、出了生产国边境后的管道或液化天然气的运输成本。最后得到一个保留价格，也就是买方最大可接受价格。而卖方从图底部开始计算生产成本和边境之内的天然气运输成本。除此之外，卖方要价还要加上向国家支付的天然气开发权。最后卖方也获得一个保留价格，也就是卖方能接受的最低售价。两个保留价格之间的价差即代表着双方协商的余地或还可瓜分的利润。要指出的是相比于天然气，石油行业出现垄断利润的概率更小。

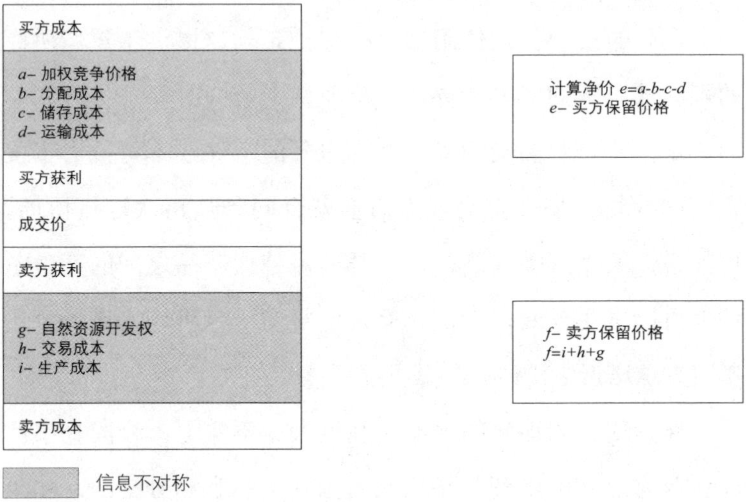

```
买方成本
  a– 加权竞争价格
  b– 分配成本
  c– 储存成本
  d– 运输成本
买方获利
成交价
卖方获利
  g– 自然资源开发权
  h– 交易成本
  i– 生产成本
卖方成本
```

计算净价 $e=a-b-c-d$
e– 买方保留价格

f– 卖方保留价格
$f=i+h+g$

■ 信息不对称

数据来源：剑桥能源研究协会（CERA）

图 4-2 天然气利润

协商出现的问题之一就是信息完全不对称：卖家只了解下游的一些成本，买家只知道上游的一些成本。所以谈判在某种程度上也包含买卖双方互相打探虚实、虚张声势的部分，毕竟对于买卖双方抬高上下游成本都将给自己带来额外的利润。比如说在下游，给一户家庭配送的成本肯定不能和直接连接高压配送网的大型工厂相提并论。成本不同，客户分布情况复杂，可能存在交叉补贴。

从理论上讲，我们完全可以模拟谈判的部分过程。[①] 经历长期的讨价还价达成的成交价及相关合同条款属于高度战略、机密信息，不可能外泄。所以卖方、买方和天然气的最终消费者面临的信息不对称只会越来越严重。

这样，我们就能明白为什么卖家对不同的买家要不同的价。我们拿俄罗斯天然气工业股份公司在奥地利、德国和法国三国采取的销售战略举个例子。由于三国市场的地理位置相隔甚远，运输成本也有高有低，竞争环境和替代品情况也有差异，所以俄罗斯天然气工业股份公司能够实行价格歧视。在这种情况下，卖家往往会要求在合同补充写上一条私密条款，禁止买家在其他市场转卖其商品。打个比方，法国煤气公司以低廉的价格购入远超其实际需求的天然气，然后在德国或奥地利市场上再倒手多余的天然气。如此一买一卖，法国煤气公司就能获得额外利润。

这些大宗贸易合同还影响着现在的西欧天然气供应结构。通过下面的图（图 4-3），我们可以看到欧洲是怎样通过自产和供应合同满足内部能源需求的。从代表欧洲未来需求趋势

[①] 关于谈判经济，可参见 Jean-Louis Rullière 的博士论文，Essai sur la logique économique de la négociation. Université Aix-Marseille-III, 1987.M. Vuillod,D. Kesselman. La négociation de projet : des objectifs à la réalisation. Technip, 2004.

216

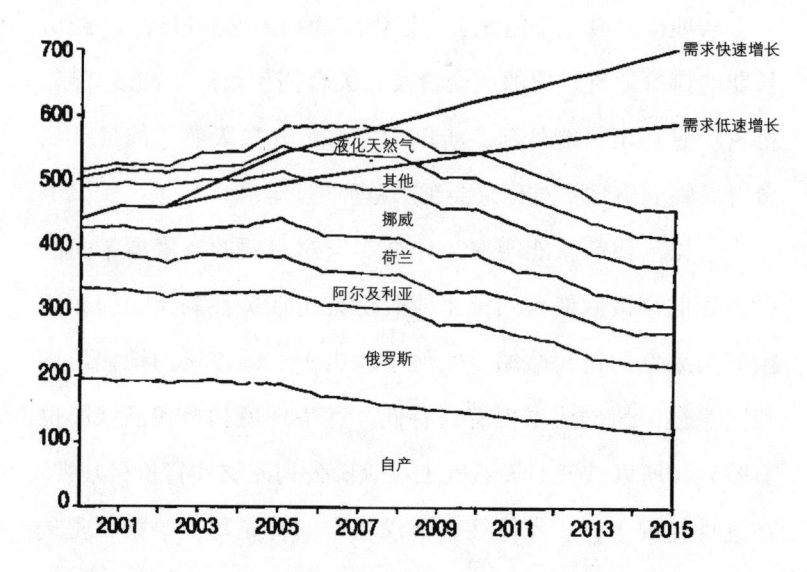

数据来源：CERA. Échelle en milliards de mètres cubes
比例尺：1：10亿

图 4-3 天然气供应合同和经合组织中欧洲成员国的需求变化

的两条折线来看，欧洲需要额外地增加进口。这部分增加的能源需求既可以通过延长或更新现有合同的期限来满足，也可以通过和中东、里海地区的供应商合作来满足。总之，欧洲对进口天然气的依赖性越来越强。

欧洲天然气新秩序的出现

1998 年和 2003 年的欧盟政令颁布之前，欧盟各大天然气市场基本上是双边贸易的天下。所以出台该政令，就是为了增加市场的透明度和竞争性。当然放开市场竞争就必然会重提"解绑"、第三方准入行业、运输计价管理等原则。欧盟委员会的工作重心就是把运输费用降到最低，促进"气－气"竞争，即不同来源天然气间的实际竞争，最终达到撼动天然气旧秩序的目的。此举直接打击了"俱乐部"的利益和大型供应商的利益。欧盟委员会解散了挪威的特设委员会，打击大宗贸易合同的排他性以及著名的禁止买方倒买倒卖的条款。虽然提高市场竞争性已经被纳入欧洲一体化的框架，但是其发展速度还是不及预期。欧洲能源供应大国，尤其是俄罗斯和阿尔及利亚，对此次政策转向表现出强烈的不满，因为随着竞争程度加深，能源价格就会下降。但是这些国家还是应该好好维护与欧洲其余国家的友好关系，因为它们不仅仅是政治伙伴，还是贸易伙伴。所以欧洲需要在竞争和合作之间找到一个新的支点，尽力避免一切暗地勾结的行为。未来天然气价格究竟如何变化将取决于这个新平衡。

远在1998年的法令之前，有两大事件曾微弱地干扰过双边垄断的局势：一是温特斯豪（Wintershall）强势进入德国天然气运输市场，二是建立联系英国和比利时的纽带。这两个例子说到底就是为了帮助外部企业顺利地跨过行业高门槛、为天然气市场注入新的竞争活力。

温特斯豪是德国化工集团巴斯夫的子公司。巴斯夫集团总部位于莱茵河畔的路德维希港，是欧洲乃至世界最大的化工厂之一。该基地使用的天然气就是由德国领军企业 Ruhrgas 从俄罗斯进口的。为了打破 Ruhrgas 独霸市场的局面，巴斯夫决定投资 50 亿欧元建造输气线路（Midal、Segal、Wedal），一方面和 Ruhrgas 进行竞争，另一方面也有利于巴斯夫直接和俄罗斯天然气工业公司建立贸易关系。巴斯夫甚至还邀请俄罗斯天然气工业公司和温特斯豪组建合资企业 Wingas，以在德国推广俄罗斯天然气。俄罗斯天然气工业公司也因此有了新的一重身份：除了卖天然气给老生意伙伴 Ruhrgas，还向 Ruhrgas 的竞争对手 Wingas 提供天然气。从价值链上游打进下游，对俄罗斯天然气工业公司而言这是了解下游成本的一次绝佳的机会，也因此能消除一部分上文提及的信息不对称。至于巴斯夫，它的输气线路向西部（泽布勒赫 Zeebrugge）、北部延伸，直到形成了今天俄罗斯天然气和挪威、英国、液化天然气争霸的局面，而且竞争强度与日俱增。

另外一件动摇传统游戏规则的大事，就是英国和比利时之间的天然气管道建设项目。当时英国已经由于放开其天然气工业，国内天然气生产有了盈余，因此积极地在欧洲大陆寻找买主。该管道的融资模式也非常新颖，因为项目的发起人向欧洲主要的天然气公司承诺出售输气管道一定期限的使用权。此次商业谈判对象不再是天然气，而是运输使用权，没有人事先知道是否真的有供给、需求和均衡价格。天然气公司买入运输使用权就像普通人买保险一样。毕竟当下环境变幻莫测，多买入一份保障总能多消除一点不确定性。该输气管道一直通往比利时的泽布勒赫港口，这里不仅汇聚了荷兰、挪威（通过海底输气管道 Zeepipe）的天然气，还是液化天然气登陆欧洲大陆的重要口岸。英比之间的输气系统于 1998 年正式投入使用，也让泽布勒赫成为了欧洲第一个天然气贸易中心。因此也催生了套利者利用不同来源地天然气的价格、弹性、配送期限和配送数量进行套利的行为。此外，还有可能发生季节套利行为：在夏季，北海地区天然气出产有盈余，而当地储存能力有限，就可以把这部分多余的天然气运输到泽布勒赫寄存，到了冬天，再运输回去。从长期看，这条运输通道还能帮助英国进口天然气，毕竟英国本土的天然气产量一直在递减。

归功于这条输气通道，英国市场和欧洲大陆市场这两个类型完全不同的市场能够联系在一起。在英国，天然气价格每天根据市场供求平衡进行更新。虽然消费者还是通过签订供应合同的方式获取天然气，但是合同价格是参照即期市场价格的。而在欧洲大陆，天然气价格是一个契约价格，以石油产品价格为基准。英国"自由"的天然气踏入泽布勒赫自然而然就促使大宗贸易合同往更加灵活的方向发展，直到契约天然气和竞争天然气之间形成新平衡。

欧洲天然气正处于深刻的变革中。欧洲的天然气登陆点一直在增加，气－气竞争的条件初现。尽管目前竞争还处于边缘化的状态，但是的确在一点点加强。

欧洲的天然气需求也一直在上涨。欧洲需要新的能源供应来源和建造新的输气管道。所以照付不议合同还有存在的价值吗？在未来很有可能会出现一种混合体系，一方面大宗贸易合同继续存在，另一方面天然气运营商或新兴贸易中心之间的即期交易也继续保持增长。诸如德国、西班牙、法国和意大利等国已经强制要求各自的大型天然气企业把合同购得的一部分天然气投放市场。这样就可能提高贸易中心的流动性，并为广大消费者提供更多的选择机会。

亚洲天然气市场

我们谈及的亚洲天然气市场，事实上主要由日本和韩国进口的液化天然气构成。这两个国家由于本土能源资源匮乏，对外依存度很高。正因此，日韩一直致力于扩充能源平衡表以及增加能源供应来源。它们都发起了大规模的核项目，在进口液化天然气方面也采取相当积极的政策。对于海岛国家日本而言，因为它无法通过挖渠凿海的方式进口天然气，因此液化天然气就成为了日本获取天然气的唯一途径。尤其是随着城市越来越密集，污染越来越严重，天然气作为一种清洁能源几乎成为了日本的必需能源。在短短三十年里，液化天然气占日本初级能源总消费的比例从 1970 年的零一路上升到现在的 12%。大概三分之二的进口天然气都被用于发电了，剩下的部分则用于满足各家各户的电力需求。在这一时期，日本是世界第一液化天然气进口国，但是其进口对象国数量众多，有印度尼西亚、马来西亚、澳大利亚、卡塔尔、文莱、阿联酋和阿曼。要注意到的是，所有进口贸易都是通过生产商和使用者签订的长期双边供应合同完成的。亚洲市场的特殊性也正好解释了这片地区的电价特别高的原因。从长期看，中国和俄罗斯的加入可能会提高亚洲市场的流动性和竞争性。

21世纪的俄罗斯：天然气界的沙特阿拉伯？

随着世界天然气市场及其地缘政治形势的变化，俄罗斯作为世界第一大能源生产大国和出口大国（2002）还在不断地崛起，实力不断增长。我们在前文曾强调过俄罗斯掌握着世界近三分之一的天然气资源，而且这个比例还可能被低估了。首先，目前俄罗斯境内正在开采的天然气田数目众多；其次，俄罗斯还有许多已探明、等待被开发的矿床；最后，如果开采经费允许的话，俄罗斯非常可能再发现其他新气田。此外，俄罗斯的邻国——土库曼斯坦、乌兹别克斯坦和哈萨克斯坦都拥有非常丰富的能源资源。俄罗斯可以直接通过输气管道获得这些里海地区国家的天然气。俄罗斯和其邻国生产的天然气一部分用于满足本国需要（在俄罗斯该比例为70%），剩下的则被运往西面。在未来，它们甚至还准备着进军东南亚市场，即中国、日本以及韩国市场。2003年，萨哈林能源公司（Sakhalin Energy）和东京瓦斯式会社（Tokyo Gas），以及东京电力公司（Tokyo Electric）签下了两个合同。根据合同，自2007年起，俄罗斯将出口液化天然气到日本。俄罗斯天然气打入东方市场的第一战大获成功。对于俄罗斯，这是历史上首个液化天然气交易，也是首例海上气田钻探；这是首次把天然气运向东方，也是首例摆脱俄罗斯天然气工业股份公司（Gazprom）掌控的私人出口贸易。萨哈林能源公司的股东分别为壳牌（持股55%），三井集团（Mitsui，持股25%）和三菱集团（Mitsubishi，持股20%）。[1] 丹尼尔·耶金和米歇尔·斯托帕德（Michael Stoppard）在《外交事务》（*Foreign affairs*）中指出：萨哈林能源是2003年俄罗斯最大的外资投资企业，萨哈林能否顺利与日本两大集团完成对接取决于两国政治元首能否达成共识。需要注意的是，萨哈林提供的天然气资源将极大地促进日本能源供应来源的多元性。[2]

第二次世界大战后，俄罗斯开始大范围开采天然气资源。天然气在国内售价极低，因此逐渐在国家能源平衡表上占据了非常重要的位置：2003年，天然气占国家初级能源总消费

---

[1] CERA Decision Brief. Blue dawn : sakhalin signs Russia's first LNG deal. 2003.

[2] D. Yergin, M. Stoppard. The next prize . Foreign Affairs, novembre-décembre,2003.

量的52%，总产电量的42%。俄罗斯可以说是世界上生产、消费天然气最多的国家之一。在20世纪80年代，俄罗斯建造大型的输气系统，源源不断地把俄罗斯天然气运往西欧和其"兄弟"国家，俄罗斯天然气工业也随之开始现代化。俄罗斯天然气工业开放式股份公司，从原俄罗斯天然气康采恩分离出来，截至2003年还控制着俄罗斯近九成的天然气生产，整个高压运输网络和西欧天然气出口，即近三分之一的欧洲天然气进口。公司资本属于限制性开放式，拥有众多股东，其中就有德国能源企业 Ruhrgas（3.5%）。俄罗斯政府一直以来都非常害怕出现国中国的状况，因此始终严密监控着俄罗斯天然气工业股份公司，毕竟后者保证了20%的国家财政预算和20%的外汇储备。1992年，一家叫 Itera 的公司开始在俄罗斯天然气舞台上活跃起来。这家公司最初是一家贸易公司。1994年，Itera 看到了土库曼天然气蕴藏的商机，因此开始在俄罗斯地域内从事天然气生产和营销活动。在运输方面，它租用了俄罗斯天然气工业股份公司的输气管道。到了2003年，Itera 的股本结构还是不太透明，但是该现象已经很好地反映了俄罗斯天然气工业转型不易。

迈入21世纪，随着国内、国外私有资本的角色越来越突出，俄罗斯油气行业正面临着一场革命。石油行业的例子会在下一章中进行详细的论述。这些私营企业野心勃勃，其目标不仅仅是石油，还有天然气。如此很有可能打破当下的垄断结构。

俄罗斯天然气工业股份公司在国家的庇护下虽然还掌握着俄罗斯天然气行业的走向，但是不可忽视的是它的财务危机越来越严重。这也就解释了为什么萨哈林能够在俄罗斯天然气市场站稳脚跟。在国内市场，天然气价格远远低于国际市场参考价格，如何收回债券成为了一个难题。国库空虚导致俄罗斯天然气工业股份公司资金短缺，因此无法翻修并扩展老化的运输系统，输气管道的效率问题（漏气）始终悬而未决。除此之外，新气田的开采和新输气管道的建设都需要大量的资金投入。走投无路的俄罗斯天然气工业股份公司不得不和以壳牌、埃尼、康纳和Conoco、道达尔、海德鲁（Norsk Hydro）为首的跨国石油企业结盟。

俄罗斯天然气之所以向西、向东无往不胜在很大程度上与俄罗斯天然气工业的制度活力及其调动资金的能力有关。这场变革的三大核心力量就是俄罗斯政府、俄罗斯天然气工业股份公司和国内、国际私有资本。俄罗斯政府和俄罗斯天然气工业股份公司之间的关系非常复杂。天然气行业的改革曾有好多次被筹划、实施过。自1997年，第三方进入运输行业在理论上说还是有可能的，Itera就是一个极佳的例子。此外俄罗斯天然气工业股份公司的解绑也曾被政客提及过。2003年，俄罗斯能源系统新革命的主要内容出现在一份名为《俄罗斯2020年能源战略》（*Russia's energy* strategy）的文件中。该文件严肃地指出了大幅度提高国内天然气售价的重要性，但是最终在社会和选举的压力下沦为一张白纸。[1] 除了这些改革意图和官方文件呈现的指示性方针，最重要的是之前提到过的三大核心力量拥有共同的目标，那就是使天然气收入最大化。在这样的情况下，俄罗斯政府由于掌握了俄罗斯天然气工业股份公司和整个运输系统就能够自上而下控制本国企业和外国企业的商业意图。此外，对于外国企业，俄罗斯政府还能权衡其在石油和天然气方面的野心。这场游戏远比著名的"囚徒困境"[2]要难得多，可能成为博弈理论中有趣的模型之一。从世界宏观层面来说，俄罗斯是能影响天然气价格的，就像它通过接受或拒绝与欧佩克合作影响石油价格一样。目前运往欧洲的俄罗斯天然气价格是与石油产品挂钩的。对于天然气的未来，可能会有不同的发展线路。假设未来竞争激烈，随着俄罗斯在欧洲市场逐渐做大，不可避免会和欧洲其他供应商，如阿尔及利亚、利比亚、挪威地区的生产商，以及中东新兴的供应商产生正面冲突。在该虚拟情境下，俄罗斯并不能实现天然气收入最大化，因此我们不妨另想一个场景。在该场景下，俄罗斯通过外交渠道建立以它为首

---

[1] CERA Decision Brief. Russia's energy strategy to 2020, 2000.
[2] 囚徒困境是指个人选择并非团体的最佳选择。

的天然气输出国组织，就像石油界的欧佩克一样试图找到一个远高于市场竞争价格的价格范围。

不管未来最终的局面是否如我们想象的那样演变，但是俄罗斯在国际天然气市场的话语权日益增强是大家有目共睹的。俄罗斯因此成为美国、欧洲、日本巴结的对象，以及各大跨国能源公司的战略重点国家。至于俄罗斯选择什么样的政策方针，完全取决于其如何在满足国库资金需求、内外发展的投资节奏、国企和私企各自扮演的角色间找到平衡。

天然气市场国际化：灵活与竞争

世界天然气市场正处于变革的浪潮中。如果我们回顾历史，会发现单个市场的发展进程非常缓慢。最初天然气市场完全是一个由双边贸易和独买独卖条款独霸天下的封闭市场。随着输气线路、交易港口越来越多，竞争机制一点点建立起来，天然气市场体系开始迈向成熟。之后又迎来了自由化运动。首先是在北美，再是英国和其他欧盟地区。现在世界上其他地区也开始放开竞争，比如亚洲、拉丁美洲。土耳其位于欧洲和亚洲的连接地带，可以说是名副其实的天然气十字路口（框文4-1）。

随着时间推移，市场间的互动越来越频繁，从而推动了全球天然气消费。天然气较之其他化石能源对环境的污染更小，虽然运输费用高昂，但是在埋输气管道工程中并没有出现当年架高压电线时出现的反对呼声。天然气因此能够直接被带至最终消费地，用于分布式产电、热电联产。天然气市场的转变主要伴随着两大特性，一是不同来源天然气间的竞争更加激烈，二是天然气体系更加灵活。

框文 4-1 土耳其：天然气十字路口

当西方和东方相遇

对于一部分从里海、中东地区运往欧洲的能源来说，土耳其是一个必经之地。伊斯坦布尔海峡已经是原油进入国际市场的主要渠道。通过把天然气运往国际市场，土耳其作为过境国的角色日益突出。

天然气需求日益上涨，欧洲之最

土耳其天然气工业创建于 1987 年，如今规模浩大，已经超越比利时。近来该增长势头放缓，合同供应量远超国内实际消费，因此出现了供应过剩。根据剑桥能源研究协会的预测，土耳其市场将在 2010 年达到 350 亿到 440 亿立方米，体量已经可以与 2003 年的法国市场相媲美。

基础设施发展

目前天然气基础设施连接了土耳其五大核心城市。通往西部和南部工业城市的基础设施的发展是天然气需求增加的主要原因。

俄罗斯供应商

长期以来，虽然土耳其也从阿尔及利亚和尼日利亚进口液化天然气，但是俄罗斯一直是土耳其天然气第一大供应国。2002年，黑海海底铺设的"蓝溪"输气管道正式投入使用。深入海平面以下2100米，这是世界上最深的管道系统，被誉为技术上的又一次突破，俄罗斯天然气因此能直接运往土耳其。

新前景

土耳其也开始接纳里海地区国家运来的天然气，比如说，拥有世界第二大天然气储备的伊朗和土耳其签订了20年期的供应合同，自2001年起就向土耳其提供天然气；阿塞拜疆也和土耳其签订了天然气供应合同，该合同将于2006年开始生效；从格鲁吉亚Shah Deniz气田出发的输气管道也将和连接阿塞拜疆巴库（Bakou）和土耳其杰伊汉港（Ceyhan）的输油管道同时动工。

前往欧洲的关口

2010年，土耳其天然气合同供应量上升至520亿立方米，国内需求大概是440亿立方米，因此出现了近80亿立方米的剩余。土耳其当务之急就是开放新的过境渠道，使里海地区的天然气能够外流到其他市场，从而加强其在亚洲大陆天然气市场的地位。

数据来源：Shankari Srinivasan, CERA

更多的竞争

现在世界上越来越多的国家愿意敞开大门，让跨国企业进行油气勘探和开采。但是这些公司并不敢贸然接受邀请，非常重视风险和利益的平衡。事实上，不仅仅这些垂涎开放邀请的公司之间存在竞争，抛出橄榄枝的这些国家之间也存在竞争。在天然气方面，阿尔及利亚、沙特阿拉伯、俄罗斯、埃及对外开放程度越来越高了。我们可以预见未来跨国能源企业将会慢慢进驻各产气大省，推动天然气工业的发展，甚至发现新的矿田。一旦拥有了天然气资源，生产商肯定迫切希望将之卖出去、获得现金流，有时候甚至都不愿意花时间签订照付不议合同，甘愿冒风险。尤其是在需求急剧增长、大型消费市场的进入门槛由于自由化改革越来越低、进入港口越来越多的时候。在这样的背景下，随着液化天然气项目的增加及整条供应链上的成本有望下降，天然气市场竞争进一步加深。据剑桥能源研究协会研究显示，无论假设是高是低，鉴于眼下的高需求和资源情况，液化天然气供应将在 2000 年至 2030 年间增长三倍。[1]

---

[1] CERA, The new wave. Global LNG in the 21st Century, 2002.

更多灵活性

至于庞大的天然气体系本身，尤其是北美和欧洲，随着自由化运动，能源灵活性的提升，天然气使用者至少从原则上讲已经摆脱了过去垂直整合垄断模式的操纵，能够自主地做经济选择：工业消费者掌握了多能源。他们可以避免价格的剧烈波动，分批购买所需的能源数量。他们无须再支付不必要的仓储费用。① 他们可以自行判断能源供应安全所包含的经济价值。同时，随着开放的市场数目越来越多，他们还可以利用不同地区的需求不同、价格不同进行套利，甚至还可以跨行业套利，比如电气。

至于生产者，液化天然气的最终目的地不仅仅限于一个地方，因此存在许多增值和套利机会。生产商完全可以向使用者提供储存服务，即使一部分公共运营商出于供应安全被迫承担储存费用。

液化天然气的快速发展是天然气体系灵活性得以提高的关键因素，因为给定数量的天然气在给定时刻最有可能被运往最具吸引力的市场。液化天然气这相对的自主权将加强三

---

① 参见 B. Esnault 的博士论文, La transition du monopole à la concurrence sur les marchés du gaz naturel en Europe, l'importance stratégique du stockage souterrain. Université de Bourgogne, 2000.

大市场间的贸易往来，加快天然气价格与石油价格的脱钩。事实上，天然气最终消费市场将越来越重视即期市场和贸易中心的价格（亨利贸易中心、比利时泽布勒赫港、德国本德）。越来越多的液化天然气即期交易价格将由即期市场价格决定，而不是与石油产品价格挂钩，即使天然气遭到石油产品的竞争。从液化天然气出发地到最终到达目的地整个过程，可能会突发地方市场供求失衡、气候变化、价格和储存压力、意料之外的事件。以上所有因素都会导致这批天然气的计价发生改变。国际市场变得越来越完善，也越来越复杂。

　　天然气是一个新兴产业。它的发展过程有点类似于水利，是建立在地方发展的基础上，发展方式相对来说也比较平和。由于自带自然垄断属性，天然气工业的发展一直受国家的控制，比如美国有管制的竞争市场、欧洲双边合同垄断市场。在地区内部，随着天然气的逐渐发展和输气管道数目的增加，输送网络的密度也增加了。因此天然气工业从幼稚阶段（infant industry）逐步过渡到成熟阶段，能够让不同运输线路展开竞争。在美国这个最老的天然气大国，天然气市场已经处于成熟阶段。在欧洲，随着运输网络间的互动越来越多，接入点越来越广泛，天然气市场越来越满足成熟市场的基本条件。鉴于天然气并不是必需能源，必须面对可替代产品的威胁，所以应该适时引进更多的竞争。在今天，随着液化天然气的普及，各大地区市场间的阻隔也趋于弱化。一个世界级的市场有待破壳而出。而在这个市场上将出现两种截然相反的场景：要么以俄罗斯为核心的生产国进行强强联手，要么能源大国互相打压，企图用最快的方式卖出资源。

天然气的国际化进程和市场的自由化运动很有可能使这个原本和平的产业矛盾频发、充满政治硝烟。获取天然气资源、建造输气管道将深入存在政治冲突的地区。天然气的地缘政治将会恶化，也将沾染石油行业的暴力色彩。

第五章
无休止的石油战

从最初发现石油到如今石油成为世界第一大能源才过了不到一个世纪。石油部分取代了煤炭的取暖、驱动功能；汽车业、航空业、化工业的高速发展都离不开石油。石油占了世界初级能源总消费量的40%。近五成的石油产品都流入了运输业。全球近七亿辆汽车、轮船、飞机都是石油的俘虏。地球上排放的二氧化碳和温室气体，石油产品需要为此负责的比例分别是40%和30%。

在前面的章节里，我们已经说过石油史就是一部战争史：为了获取石油、为了运输石油、为了抢占石油成品市场的份额、为了瓜分石油收入等石油钱而燃起的战火无数。

为什么石油会成为能源行业中硝烟味最重的一支呢？原因主要有三：石油储备及石油生产主要集中在中东地区；世界经济对石油的极端依赖性；石油经济的问题跟其他能源的政治经济问题不在一个级别，要关键得多。因为石油生产成本极低，但是其含税售价却可能非常高，尤其在算上其运输成本的时候。

在这种情况下，对于以美国为首的石油进口大国来说，获取石油资源并保证石油供应的安全性绝对是国家的战略核心。过去的一个世纪已经证明了没有人能够长久地干扰石油供应。

丰富、集中而又有弹性的石油资源储备

对已探明、可开采的石油储量的预测结果往往会引来人们对石油耗尽的忧虑。石油剩余储备和年消费量的比值则是激发这种恐慌的最好手段。我们曾在天然气一章强调过，我们必须用相对的、积极的目光看待这个比值。1973年，在第一次石油危机爆发的时候，根据该算法，人类可使用石油的年限为30年。有些心怀不轨的人就趁机到处散布消息，引发社会恐慌。30年之后，也就是2004年，又有人站出来说1973年的预测结果不准，石油储备能维持47年。在这30年里，人类发现了许多新矿床，而且随着科技的进步，一些有名的大油田可以开采了，石油的采收率也得到了改善。举个例子，2003年《石油与天然气杂志》报道加拿大阿尔伯塔省（Alberta）发现了沥青砂，使全球石油储量一下子上升了17%。早期英国石油公司在俄罗斯签下了大宗贸易合同，宣称俄罗斯石油储备之前被低估23%。几个月之后，壳牌放出

世界能源储备锐减的风声。

所以不可尽信数字论，已探明储量凭借现下的技术水平和价格水平可以说是已知的、可采集的，但是最大储量的具体数值是未知的，受非常多参数的影响。

如今站在 21 世纪初，除了个别的极端悲观主义者，整个国际石油行业基本不担心油气资源耗尽的问题。确实油气资源属于不可再生能源，但是采收现有能源资源的概念则是具有弹性的，取决于地质条件、科技和价格。我们可以静待科技创新给油气资源勘探、生产带来的奇迹。剑桥能源研究协会曾指出随着信息技术和实时控制技术的发展，结合了两大技术的未来数字油田（digital oil field of the future）将大幅度降低勘探、生产成本，改善矿田的采收率。[1] 据其预测，未来数字油田的发展将为世界能源储备增加 1250 亿桶原油，相当于目前伊拉克所有已探明石油储备的总和。再者，随着海上钻探技术成熟，人类有望在海平面以下两千米的深海发现巨大的油田。除此之外，只要世界能源价格一直保持上涨趋势，数量惊人的非常规能源就能大显身手（加拿大阿尔伯塔的沥

---

[1] CERA. Digital oIl field of the future（DOFF）. étude Multiclient, 2003. 另参见剑桥能源研究协会主席丹尼尔·耶金在 2003 年 4 月 8 日的国际经济政策小组委员会前的证词 Export and trade promotion of the United States Senate Committee on foreign relations.

青砂相当于沙特阿拉伯三分之二的可采收能源储量）。因此尽管化石能源数量有限而且不可再生，但在目前并不构成威胁。当然人类社会终有一天将迎来石油峰值，即石油消费到达了顶峰，之后开始下降。我们也能很快想到其中的原因：可替代能源的发展、气候变化导致人们自发地减少石油产品消费，但是这都跟能源储备耗尽没有关系。沙特阿拉伯一位石油部长曾说过，石器时代的结束并不是因为石头没了。

虽然石油资源相当丰富，但是在地球上的分布却非常不均衡：大概46%的已探明油田都位于中东，68%落在欧佩克的11个成员国手里。欧佩克成员国也是产油成本最低的地方。在地缘政治层面，中东地区和欧佩克组织的重要性不言而喻。

除了中东和欧佩克组织，世界上其他地区的石油产业也是蒸蒸日上：俄罗斯、里海、西非深海钻探、巴西、美国的墨西哥湾。自"9·11"事件之后，这些新兴的石油产区开始加速发展，大大提高了石油供应的地理多样性。但是，不可置疑的是我们对中东的依赖越来越强，毕竟中东地区才是石油资源最集中的地方。

原油储备的地理位置和相应的贸易往来勾勒出由几大势力把持的世界石油的地缘政治局势。一方面是石油进口大国，如美国、西欧、日本。这些国家费尽心思想要保护能源供应秩序和安全。它们和能源生产国或潜在的能源生产国谈判，希望后者能够给外国勘探、开采队伍大开方便之门。俄罗斯、里海周边的国家、墨西哥、几内亚湾周边的国家是它们的重点目标。在能源进口大国阵营里，美国无疑地位特殊：随着国内市场对进口石油的依赖日益加深，美国异常关注任何可能长期干扰供应流的"风吹草动"，时刻准备着进行军事干预。另一方面是石油生产输出国家。其中大部分都曾遭遇"石油诅咒"，有些加入了欧佩克组织，希望能够对价格施压，保住它们的石油收入。

石油钱 = 法国 GDP

我们曾在引言一章谈到石油利润，现在再回过头去看那些数据。全球每年石油精炼产品的销售收入大约是 20000 亿美元。原油勘探、生产、运输到精炼厂、加工成成品、运输到最终消费者手里等费用大概有 5000 亿美元。两者之差，也就是利润，高达 15000 亿美元。这部分钱也就是世界石油贸易代表的经济价值，也是各大公司、政府争抢的对象。15000 亿美元是什么概念？这笔钱近乎等于世界第五大经济体——法国一年的国内生产总值。那么这笔巨额款项流去了哪里呢？答案很简单，在整条石油的产业链上都存在着抽成：生产国和消费国强制规定的各式各样的税，公司抽取的利润和报酬。要注意到的是，石油利润的多寡与产量和油价直接挂钩。以 2003 年为例，当年委内瑞拉、尼日利亚和伊拉克抽取的石油利润显著减少，原因是委内瑞拉爆发了严重的罢工，尼日利亚社会动荡以及伊拉克爆发战争。而沙特阿拉伯、科威特、阿联酋却幸运地通过提高产量收回了丢失的石油利润。

我们很难确切地指出石油利润究竟是怎么分配的，但是消费国主要是通过向石油成品（尤其是汽油）征税获取石油利润的。而原油的税率相对来说就十分低了。

在原油生产方面，我们觉得原油是一种非常奇怪的原材料。因为国际市场上原油每桶的售价为100美元，而从世界上最好的油矿（中东）出产的原油其生产成本仅为几美元，深海钻探、东西伯利亚、得克萨斯边缘地带则是世界上原油生产成本最高的地方，高达每桶40—50美元。世界原油市场不是一个完全竞争市场，而是一个在政治层面受管制的市场。生产成本因地而异的本质使那些拥有最低生产成本的国家几乎获得了市场售价扣除生产成本之后全部的利润。这笔差异利润可以通过总生产成本（世界平均值大概是10美元）计算得到，也可以通过短期边际成本（在很多国家该值都低于1美元）计算得到。此外，一部分加入欧佩克组织的原油生产国还享有额外的垄断抽成。

至于石油消费国，其中一部分国家已然意识到石油制品能够带来丰厚的财务收入。于是它们直接对产业链上的运营商征税，这样就能顺利获得石油利润，而且能够避免偷税漏税的行为。在欧洲国家，燃料税相当高昂。对于政府来说，征收高额的税是获得财政收入最便捷的途径，也是限制国人消费进口商品的手段。因此，在法国，汽油税占汽油价格的60%，所有燃料税加起来相当于国家13%的预算收入。在美国，情况却恰好相反：燃料税率非常低。因为美国汽车、陆路交通、航空、铁路交通曾在过去很长一段时间内都是依靠本土石油生产和精炼茁壮成长起来的，原油及原油精炼产品价格实惠：一升汽油仅售欧洲价格的四分之一，税率仅为30%。我们也因此了解了石油进口、消费国是如何通过税收获得石油利润的。

最后是从事勘探、生产、运输、精炼、分销、贸易、投机及其他中介活动的国企和私企。这些企业一边支付各项成本，一边收入石油利润。其石油利润的构成首先是投资者承担风险而应该获得的正常收益，其中包括给予那些具有优秀技术表现和发现最好的油矿员工的奖金；其次是企业在某些市场上的优势地位而产生的垄断利润；最后，就像我们之前提到的埃尔夫事件一样，有时候一些抽成是非法的，比如腐败、攒政党经费、避税、个人贪财行为。石油利润数目巨大，即使是几万分之一的抽成也足够抵上一个欧洲高官几个世纪辛苦工作的薪水！这个数据还是古尔本基安先生（M. Gulbenkian）在那个石油利润不如现在那么惊人的时代计算出来的。如今的石油工业已经与国际高度接轨，其每年创造的经济效益是其他能源产业都望尘莫及的。一直以来石油钱都是众人必争的对象，是冲突之源。石油钱、石油供应安全始终是一个严肃的话题。

我们对"黑色黄金"的依赖

不到一个世纪，我们就已经离不开石油和电了。一旦石油供应遭到中断，汽车、卡车将无法移动，飞机即将坠毁地面，船只搁浅，世界上很多地区，数百万家庭将丧失温暖和光明。我们无法在短期内找到一种与石油相媲美的替代能源。除了一些特定的工业设备能依靠燃料、天然气、煤炭继续工作下去，但是其他基础设施将面临全面的崩溃。当然全球都遭遇石油供给链断裂是不可能的，但是部分地区完全有可能遭受意外性的石油供应缺口。自第二次世界大战结束以来，海湾石油贸易多次遭到威胁，但是幸亏邻国的监管职能和西方列强政治、军事上的未雨绸缪，这种突发的供应缺口（1950年、1975年的伊朗，1991年的伊拉克和科威特，2003年的伊拉克和委内瑞拉）每每都能被堵上。但是这些欧洲国家恰恰也是汽油供应安全最容易受到威胁的地方，几次遭遇有组织的社会运动的冲击。

一个国家对石油的依存度，是一个非常复杂的概念。首先，我们需要识别两种类型的国家：依赖石油收入的石油出口国和支付石油账单的石油进口国。收入和支出又受到三个变量的影响：石油收入（或支出）占国民收入的比例，石油价格及其与美元的兑换比。这种依赖性还包括一项定性的因素，即最依赖石油发展的经济活动。

从第一次石油危机过后，我们可以说绝大部分石油输出国对石油，或者更宽泛地说是对碳氢燃料的依赖又上了一个新高度。碳氢燃料的出口几乎是这些国家最主要的外汇来源和财政来源。在所谓的石油"独立战"后，这些国家更是心安理得地准备靠收租金过活了。它们掌握的油气储备使它们部分摆脱了对国民缴纳税金的依赖。这笔天赐的财富能轻轻松松地甩开民主控制，以更加受益于当权者的方式进行分配：把实惠的石油产品（燃料、天然气、电）和社会服务"打包"分配给大众，对于权力实际掌控者则进行"有选择"的分配方式。在预算方面，非生产性的支出给社会带来了不可逆转的后果。出口数量和能源价格稍微有所变动都将引发严重的社会冲突。我们曾亲眼见识过1998年末当原油价格暴跌到每桶10美元后那些石油生产国内部是如何地混乱！而且这个情况更有恶化的趋势，因为根据"荷兰病"的逻辑，油气的发展会遏制其他工业的生存，使工业多样性化为乌有。

一些工业大国直到1973年才意识到自己对进口石油的依存度有多高，之后便想方设法降低对外能源的依赖。第一次石油危机过后石油创造的附加值开始下滑。原因有三：附加值的结构转变、能效提高、丰富能源平衡表的相关政策。因而工业国家的对外能源账单也从GDP的2%—5%降至不足1%（1999年，石油价格相对比较高的年份）。这些国家的经济也相对来说更加能够抵抗石油冲击。但是运输业对进口石油的依赖性始终有增无减。如果我们考虑税率和行业结构的话，我们会发现各国运输业的情况不尽相同。在欧洲，燃料税率很高，即使原油价格上涨，车主也不会有太大感觉。相反，美国车主对价格变动很敏感，因为那里税率低。此外，铁路交通的发展进一步削弱了人们的敏感度。

就像约翰·米切尔（John Mitchell）指出的那样，石油出口国和进口国完全相反的发展历程在某种程度上也修改了实力对比。[1] 当1973年海湾国家挟石油做武器时，石油进口国都害怕得颤抖了。至今石油进口国还是惴惴不安，但是它们已经不再如当年般那么依赖进口了。现在是石油生产国害怕以美国为首的石油进口国及联合国对其实施制裁，比如对伊拉克、伊朗、利比亚的制裁。在今天，石油出口国为"需求安全"夜不能寐。

所以石油进口大国在意识到自己对外依存程度之后，还能够采取各种各样的能源政策手段来减少对进口石油的依赖，控制本国的消费。第一个战略工具就是设置安全能源储备以防突发事故。在这方面，国际能源署已经建立了一个多边战略库存协调系统。其他工具是：丰富能源平衡表和能源

---

[1] John V. Mitchell. A new political economy of oil. The Quarterly REview of Economics and Finance, n° 42, 2002.

供应来源、税收、提高能效和能源间转化的灵活性（同时支持燃料、天然气和煤炭的设备）。在多样化方面，做得最好的当数法国。第一次石油危机过后，法国就建造了规模宏大的核电站园区，使法国25%—50%的能源需求基本上可以实现自给自足。

但是发展中国家中石油进口大国的情况就不是太乐观了：能源消费的增长速度远超经济增长的速度；能源系统缺乏效率，能源账单给贸易、经济平衡带来了沉重的压力。此外，相比于发达国家，发展中国家无法如此自由地使用以上几大工具（框文5-1）。

框文5-1

- 对石油的依赖：2002年，摩洛哥的能源账单上升到13亿美元，相当于10%的国家预算，7%的GDP，15%的出口总值。石油支出占总账单的86%（1995年该比例为98%）。在1990年到2002年间，石油产品的消费量以2%的速度增长。
- 优化能源结构是减少对石油依赖的手段之一：建造朱尔夫莱斯费尔（Jorf Lasfar）煤炭发电站（1350 MW），加快可再生能源的发展节奏〔2004年到2008年间完成了一个风力发电园区（140 MW）和一个地热-太阳能发电站（220 MW）的建设工程〕，建造新的复合式燃气轮机发电站并利用免费的阿尔及利亚天然气作为燃料（阿尔及利亚为向西班牙输送天然气取道摩洛哥，并承诺以提供天然气的方式支付过境费用）。

- 解放石油产品行业：由于精炼厂仍享有垄断地位，石油制品市场竞争有限。政府承诺撤销对进口石油商品的关税壁垒。
- 勘探：在2000年3月修订后，摩洛哥新石油法给石油勘探带来了新发展空间。13家石油公司成为了摩洛哥石油的新运营商，其中就有壳牌、道达尔、科诺柯、Keer McGee。深海钻探被寄予厚望（与墨西哥湾和西非的勘探情况具有非常高的相似度）。

数据来源：Samia Charadi, CGEMP, 巴黎第九大学能源地缘政治与原材料中心（Paris-Dauphine）

美国越来越离不开进口

我们曾经提到过美国石油的发展起初是带有一点粗犷色彩的。美国土地曾遍布井眼，许多矿床的开采也是毫无章法可循。对于勘探者和生产者，他们的目的就是尽快把一桶桶的石油转化成美元。生产出来的石油既用于满足国内消费者的需求，也用于出口。在第二次世界大战期间，同盟军消耗的石油产品中有80%产自美国。1945年，美国还代表着世界65%的石油出产量。但是战后短短几年，美国自产的石油产品已经供不上国内需求了，一下子成为了能源净进口国。这是美国对外能源依赖的开端，之后美国越陷越深。20世纪70年代初，美国开始意识到情况的严重性并采取紧急措施。石油供应安全成为了联邦政府的工作重心之一。两次石油危机使原油价格飞涨，的确给美国带来一丝喘息的时间，但还是无法达到提高国内产量的目的。因为美国是世界上被勘探次数最多、最详细的地方，因此美国可采收能源储量与年产量的比值相比于全世界范围的该比值要有意义得多。这么说来，美国石油形势越来越不乐观：三十年里（1973—2003年），美国对进口石油的依赖程度从36%上升至50%。

在这30年里，美国也为对外依存度加剧的现象忙得焦头烂额，但是却没能找到任何有效的措施来扭转乾坤。[1]

美国想尽办法改善能源结构、丰富供应来源，而中东，或更宽泛意义上的欧佩克是不可忽视、不可替代的目标。2003年，美国从中东和欧佩克进口的石油数量分别占总进口量的26%和46%。而且根据大部分科学家的估计，美国对中

---

[1] Paul Joskow. Energy policies and their consequences after 25 years. The Energy Journal, vol. XXIV, n° 4, 2003.

和哈萨克斯坦政府、跨国石油巨头、俄罗斯私营企业。在南面，巴库—第比利斯—杰伊汉（Bakou-Tbilissi-Ceyhan）管道系统是里海石油对外出口的第一条线路，也是阿塞拜疆和哈萨克斯坦石油第一次不经由俄罗斯，独立地走向世界市场。[1]

自从 2002 年美国和俄罗斯达成了"新能源合作伙伴关系"后，里海地区石油开采的硝烟味散去了不少，输送管道的建设工程也提速不少。但是，与此同时，阿塞拜疆、土库曼斯坦和哈萨克斯坦对石油利润分配的异议也越来越大。之后由于各方谈判僵持不下以及技术障碍难以攻克，Tengiz 油田的开采速度呈现下降趋势。此外，阿、土、哈三国还遇到了一个新难题，即石油收入如何管理。比如说阿塞拜疆，拥有 800 万人口，2010 年石油收入有望达到 100 亿美元，然而其 2002 年的 GDP 还不足 60 亿美元。[2]

随着乌兹别克斯坦、吉尔吉斯斯坦等其他苏联加盟国的加入，里海能源问题还将进一步扩大。这些国家油气资源的开发潜力不可小觑，很有可能成为中国市场的首选供应商。哈中两国已经签订了相关协议以共同商讨制定输油管道的建

---

[1] Catherine Locatelli. Russie : les embarras de la richesse. Sociétal, n°42, 2003.

[2] Frédéric Encel. op. cit.

造条件和融资方案。

里海石油打入国际市场还需要时间。过境、过境税仍然是不可忽视的问题。

在这方面，我们必须强调欧盟能源宪章所起的重要作用。该宪章旨在赋予过境的法律、制度基础，从而促进能源过境。而欧盟能源宪章的使用范围不仅限于欧洲。

所以里海地区的崛起过程伴随着种种不确定因素，本质上并没能简化石油、天然气的地缘政治形势。

石油市场：价格浮动、价格管制

直到第二次石油危机后，也就是1980年之后，我们才能把石油市场称之为国际市场。最初是企业决定参考价格，1973年以后，该角色则由欧佩克接替。该参考价格即为阿拉伯之光，产自沙特阿拉伯的标准原油。第二次石油危机后，石油价格暴涨，石油市场越发复杂，纽约交易所和伦敦交易所还出现了期货合同。自此之后，石油市场既代表实体市场也代表金融市场。在实体市场，原油和石油产品的交易通过即期交易或双边合同进行。交易涉及数量、价格、地点、交付日期。合同形式多样，不同合同的期限、数量、计价方式可能相去甚远。

在有组织的金融市场中，原油、石油产品催生了期货合同和防范风险的衍生工具。成千上万的交易者在金融市场进行操作,交易金额更是达到了实体市场的四倍。石油公司为了规避风险往往会在金融市场买入相应的保值工具。而大型消费者(比如航空公司)和商业银行也会使用金融市场向客户推销各类保险。此外在金融市场还存在投机者、投资基金和交易商团体[1]。

实体市场和金融市场之间基于多种因素每天都会建立稳定的平衡。原油和精炼产品的现货需求取决于经济的增长速度、温度变动和需求预测情况。至于供给,则根据欧佩克确定的配额,但是能源供给非常容易受到政治或社会事件的干扰。最后,在需求和供给之间还有多种多样的能源储存方式,主要用来调节供需。我们稍微提一下透明度基本为零的能源储备问题[2]。储备类型有很多类。第一类包括国家强制规定的战略储备或安全储备,旨在应对紧急情况,原则上讲不会对市场产生什么冲击。第二类涉及工业储备,是保证行业上下游所有设施都能够正常运行而设的调节储备,其中包括预测寒潮降临而调整生产量类似的储备。第三类属于投机储备,是投机者根据价格变动情况用于实施

---

[1] Frédéric Lasserre. Ces spéculateus qui épongent le risque . Sociétal, n° 42, 2003.

[2] 关于储存问题,可参见经济分析委员会的报告. Joël Maurice. Prix du pétrole. 2001.

套利的一类储备。这类储备可能出现在价值链上头，即滞留产品，也有可能发生在下游的精炼厂、中介机构或消费者。甚至还有人囤积货品、随时准备号令油船驶向油水最多的市场。第四类是我们最难知晓的一类，即最终消费者持有的实时存货数量。

以上所有因素都揭示了原油及精炼石油产品的实体市场和金融市场的复杂程度是多么的不可思议。金融产品的交易金额甚至是实体交易的好几倍！由之产生的两大问题是如何知道这些市场真实的竞争程度及这些市场是否创造了操纵价格的机会。[①]

第二次石油危机过后，石油市场变得愈发复杂，欧佩克对石油价格的控制也愈发力不从心，欧佩克组织的秘书长甚至宣布，石油价格已经成为一个"外生变量"。由此已可窥见石油市场供需平衡机制中众多变量间复杂的联系、制约关系。因此即使是极微小的变动都有可能使原平衡状态骤然崩塌，石油价格水平发生巨大的波动。除此之外，储备水平、投机活动、投资者心态都将加强价格的波动性。综上，原油及精炼石油产品价格波动幅度变得异常惊人。而石油价格的高低直接影响了石油超额利润，因此投资者必须具

[①] 该问题曾在巴黎第九大学能源和原材料地缘政治研究中心 Robert Mabro 的讲座上讨论过。

有快速适应价格波动并采取措施的能力及拥有相当高的"市场智慧"。

但是,石油价格的波动并不是无限的:1998年12月,北海布伦特原油跌破每桶10美元,即一些经济学家眼里的完全竞争市场价格。在这个价格水平,石油输出国将无法实现收支平衡,将背负债务,政治、社会矛盾将被激化。因此欧佩克(表5-1)成员国立即组织了紧急会议,确定新的配额并削减产量。之后油价慢慢回升到一个"合理"水平。自1998年的油价崩塌事件后,欧佩克赋予了自己新的目标:利用生产配额使油价稳定在每桶22—28美元。从此以后,这个价格范围就成为了石油出口大国和进口大国间心照不宣的政治约定,即使是公开仇视卡特尔的美国亦如是。一旦油价低于22美元,石油出口国将发生财政危机。一旦油价高于28美元,世界经济增长将难以持续。重要的是,该价格区间客观来说十分切合美国的战略利益。当油价低于22美元时,美国本土能源生产由于亏本而减产或停产,从而进一步加深了美国对进口石油的依赖。相反,高于22美元的售价能使美国维持这部分高成本的国有石油生产(尤其是得克萨斯)。总而言之,油价是基于"心照不宣的政治约定"而形成的。

表5-1 欧佩克组织（2010年）

国家	人口/百万	人均国内生产总值/美元	石油储量/十亿吨	碳氢资源出口量占总出口的比例/%	石油收入/十亿美元
沙特阿拉伯	26.1	16996	37.0	83	196.2
阿联酋	4.7	56812	13.7	37	74.0
伊拉克	32.4	3881	20.0	98	51.1
伊朗	75.4	4741	21.2	85	71.6
科威特	3.6	36820	14.2	93	61.7
卡塔尔	1.7	75643	3.6	41	29.3
阿尔及利亚	36.3	4488	1.7	66	38.3
安格拉	19.1	4478	1.3	96	47.2
利比亚	6.6	11314	6.6	90	41.9
尼日利亚	159.6	1213	5.2	88	61.8
赤道几内亚	14.3	3984	1.0	56	9.6
委内瑞拉	29.0	10223	41.5	95	62.3

数据来源：Pétrole，石油行业委员会（CPDP），2011年

22—28美元的价格区间的确保证了一定程度的稳定性，但还是无法避免供需平衡带来的内在波动性。我们之前谈到过沙特阿拉伯的石油储备就像一座油库，可以非常灵活地调节

供应量，因此沙特阿拉伯的预算重心是一个重量级的战略变量。

2003年的伊拉克战争之后，欧佩克又碰到了新难题：如何保持合理的供给、需求、价格水平？欧佩克在世界石油生产中的市场份额在石油危机期间为50%，而到了20世纪中叶，该比例下滑至30%。当然其市场份额之后又开始回升，预计在2030年会达到50%—55%。1998年石油价格崩溃，欧佩克不得不减少生产配额来刺激价格回暖；而现在面临伊拉克的归来和俄罗斯出口的变化，欧佩克应该增加生产配额。套用约翰·米切尔（John Mitchell）的话那就是："从配额限制过渡到产能扩张。"至于石油价格，2003年美元大幅贬值，大部分欧佩克国家的购买力随之暴跌，以至于目标价格区间向上滑动，预计在2004年达到29—35美元（框文5-2）。

框文5-2 欧佩克和石油市场（2003—2004年）

● 确认保护价格战略：欧佩克继续承担其石油生产国联盟的角色，并一如既往地保护石油价格，无论该价格战略是否会对其生产造成冲击。欧佩克组织掌握了世界67.5%的石油储量，但其市场份额却十分有限：2003年仅为34.3%。

● 2003年的一大胜利：2003年第一季度，尽管其三大成员国委内瑞拉、尼日利亚和伊拉克有的停产，有的减产，欧佩克还是成功地利用提高产量的方式抑制了油价飞涨的形势。5月1日，布伦特原油价格跌至历史最低点。第二季度，伊拉克开始重回市场，其他欧佩克成员的增产压力开始减轻。总体来说，第二季度的平均价格要略高于第一季度。

● 美元贬值促使石油价格区间上调：2003年布伦特石油价格均值达到28.80美元，欧佩克原油篮子无法继续维持在22—28美元的价格范围。欧佩克成员国除了委内瑞拉以外都非常依赖欧洲进口，于是趁着美元贬值期间（两年内对欧元贬值35%，对日元贬值14%），把原油价格上调到28美元。

● 欧佩克受益于四大因素：中美刺激世界经济复苏、价格保护战略、中东恐怖主义肆虐、俄罗斯石油减产，这些使原油价格在2004年始终坚挺。

● 但是欧佩克不得不面临两大挑战：欧佩克的循规蹈矩并没能缓解2003年岌岌可危的供需平衡，相反三大非洲国家（尼日利亚、阿尔及利亚和利比亚）产能的快速提升及伊拉克重回配额分配体系不可避免地打破了欧佩克整体的和谐，生产配额的分配问题随之而生。而时至今日，欧佩克还未曾成功化解过这个问题。

● 沙特阿拉伯依旧是钥匙的持有者：沙特阿拉伯是伊

拉克退出欧佩克及伊拉克产能限制期间最大的获益者,如今伊拉克回归队伍,沙特阿拉伯不得不做出选择:到底是继续保护价格,为了维持欧佩克内部和谐而同意减产,还是保护市场份额?对于沙特阿拉伯政府来说,这不是一个简单的"保护价格"对比"保护市场份额"的问题,而是收入问题。实现收益最大化,不是说选择一条路或另一条路就能解决的,重要的是根据国际形势随机应变。

数据来源:Vera de Ladoucette,剑桥能源研究协会(CERA)

发现石油:是福还是祸?

我们可以说,在石油输出大国中,除了美国以外,很少有国家能想到利用石油资源发展经济。与之相反,石油工业的发展开始扭曲这些国家经济结构。尤其是在第一次石油危机过后,其荷兰病的症状越来越明显。石油工业几乎不创造什么就业岗位,雇佣的人也寥寥无几,这与其在GDP所占的比例构成了巨大的反差。此外,由于石油收入是油价和数量的乘积,鉴于油价的波动性,石油收入也不是一个常量,因此国家及统治阶层抽取的石油收入可能会虚假地抬高公共支出。石油的出口也导致了本土货币的升值,从而使本土的产品价格高于进口商品的价格。最后除了石油工业外,其他的本土商品制造业都将遭到毁灭性的打击。欧佩克大多数成员国的能源出口量超过了其总出口量的60%。

石油钱因此助长了任人唯亲、腐败、种族冲突、武器买卖、炫耀性消费等多种恶习。从这个层面上说，石油是货真价实的扫把星，把厄运带给了为数众多的国家和地区：非洲、中东、中亚、拉丁美洲、亚洲和俄罗斯。"荷兰病"相关的研究不少，但是究其根源，也就是当年荷兰的例子，"荷兰病"就是一个经济问题。在此基础上，再结合地缘政治因素，就是菲利浦·于贡（Philippe Hugon）所言的冲突政治经济学[1]。这对于学者来说是一个非常值得研究的课题："9·11"事件之后，为应对能源供应全球化及能源供应安全两大挑战，能源进口大国和跨国石油公司不惜冒险去政局动荡的地区寻找新的供应来源，在此大背景下，新兴的能源生产国开始崛起。[2] 当然石油也不尽然都是黑暗的，乍得这个世界最贫穷的国家凭借着新颖的财政制度在2003年成为了能源出口国，给石油界带来一抹亮光。在此之前，让我们先重点介绍一下石

---

[1] Philippe Hugon. Les conflits armés en Afrique : apports, mythes et limites de l'analyse économique. Revue Tiers Monde, vol. XLIV, n°176, septembre-décembre 2003. 也可参阅 Paul Collier. Développement : la malédiction pétrolière. Sociétal, n°42, 2003.

[2] 推荐阅读2003年7月Serge Enderlin和Serge Michel刊登在《费加罗报》专栏的 Les rois du brut 系列。

油祸的几大因素。

天赐的石油

石油商业价值的实现往往需要经历许多个阶段,从获取勘探许可证直至被授予开采特许权有时候需要漫长的等待。拍卖机制类似于直接支付,可以走格式合同,也可以一对一谈判。开采活动一旦开始,石油生产国就可以未来产量为抵押向银行贷款。显而易见,这样的机制给隐形支付和腐败留下了巨大的空间,几年来引起了世界银行等国际组织的注意。比如在尼日利亚,尽管25年来历届政府获得的石油总收入已经突破了3000亿美元,但是其人均日收入还是低得可怜,不足1美元。

2002年法国轻罪法庭开庭,审理埃尔夫－阿基坦(Elf-Acquitaine)公司领导层被指控一案,"这个法国在非洲不一样的声音"揭露了石油进口国和出口国的统治阶层是如何为了满足个人的金钱欲望或政治目的从石油钱中抽取巨额油水的。[1] 石油生产的超额利润,是新晋石油生产国的其他经济望尘莫及的,这显然也是这种违法行为频发的原因之一。

---

[1] 参见2003年11月12日巴黎轻罪法庭的审判结果(《世界报》,2003年11月13日)。Eva Joly.Est-ce dans ce monde-là que nous voulons vivre ? Edition des Arènes, 2003.

石油，冲突之源

石油钱经常被用于资助战争，抢夺石油资源。一般来说，石油钱会加剧腐败、危险、政局动荡和非生产性消费。非洲过去三十年的历史即展示了这种可悲的局面。菲利浦·克平斯齐（Philippe Copinschi）曾在一篇关于石油利润和冲突的地缘政治的文章中指出，安格拉30年的内战，尼日利亚、刚果、苏丹、乍得内战背后都充斥着石油资源和石油利益。[1] 夺取政权的斗争背后自然也少不了政客对石油钱的觊觎。

乍得之光

2003年10月，乍得的第一批原油沿着1000千米的输油管道成功搭上了停在喀麦隆海岸的油船。这个日期象征着30年内战、纷争、犹豫、谈判的结束。乍得是世界上最贫困的国家之一，位于非洲的腹地。若是乍得管理得当，其石油资源带来的福将大于祸。

为什么说乍得给石油界带来了希望呢？是因为乍得地方政府、跨国石油公司（埃克森美孚、马来西亚石油、雪佛

---

[1] Philippe Copinschi. Rente pétrolière, géopolitique des conflits . in Questions internationales, n°42, juillet-août 2003.

龙-德士古）和世界银行对公开石油账目、合理使用石油收入进行了深入的磋商，开创了石油界的先例。① 这也是为了杜绝上述提到过的贪污腐败、炫富等不良行为。世界银行虽然不插手乍得的石油生产，但是世界银行的干预是具有决定性意义的，尤其是在防范风险上。毕竟石油问题不仅仅涉及经济、金融风险，还存在巨大的政治风险，石油如何从作为生产国的乍得成功取道作为过境国的喀麦隆至关重要。乍得石油计划主要包括三类风险：合同各方可能发生的违约行为；不恰当使用石油收入，引起社会动荡；设施遭受破坏。世界银行加入乍得石油计划一大前提就是设立特殊机构来监管、控制石油收入的往来。石油收入的 10% 需存入长期特供账户用以石油后续的发展。石油收入首先应该拨给医疗、教育、基础设施、饮用水、农村问题和环境问题。特许权使用费的 5% 应该拨给油田所在地——多巴地区。从概念上来说这样的安排似乎非常适合管理一个贫穷国家的石油收入。但是奋斗在乍得一线的非政府组织仍持有疑虑。总而言之，乍得石油钱的取用都需要严格把关。

　　国际石油舞台从来没有像今天这般暗潮汹涌。美沙联盟曾经是保障海湾石油供应安全的坚实后盾，虽然现在雄

---

① 多巴石油计划的相关信息非常丰富，参见 CERA, Multiclient study on West Africa, 2003. 世界银行官网，以及埃克森美孚官网。

风依旧，但已经不抵当年。这个旧联盟伴随着源源不断的石油钱，使整个中东陷入了恐怖主义、暴力和抗议的梦魇。现在的中东既没有民主，也没有和平和安全。恐怖主义的爪牙似乎伸向了马格里布，一部分非洲国家，中东，阿塞拜疆、塔吉克斯坦等中亚国家，巴基斯坦、印度尼西亚等南亚国家。这片区域的共性就是年轻劳动力多、经济发展落后、社会分化严重、存在极端组织。同时，这里集中了世界75%的石油资源和50%的天然气资源。油气产量正以惊人的速度膨胀，世界其他经济体对这片区域能源的依存度也越来越高。能源供应安全问题因此又注入了新的内容，也就是经济发展和教育。

石油大战永不休止。石油钱是发动战争的永恒动力。而每场战争必然卷入美国，毕竟美国既是世界第一大石油消费国，又是世界第一大石油进口国，而且美国对进口石油的需求还逐年攀升。如果我们回顾一下近年来发生的事件，就会发现现阶段的美国和第一次石油危机前非常相仿，都是处于非常焦虑的状态。我们曾在第一章中解释过油价的上升会暂时稳住供需失衡状态。那么现在可不可能发生第三次石油危机呢？油价暴涨也许能稍微遏制美国本土石油生产的颓势及促使美国消费者缩减开支。而对于忙于处理国家预算、购买力下降（2003年美元的贬值）、内部社会矛盾激化的石油生产国，当然是乐于看到油价上升的，尤其是当个人应缴纳的石油税应该上涨的时候。最后是全球气候变化的问题，化石能源的售价并不足以支付它所产生的社会成本。

第六章
21 世纪之战：约翰内斯堡方程

在前几章，我们已经完成了对古今能源大战的剖析，接下来重点讨论 21 世纪的主题及这个世纪可能发生的能源大战，这与我们的家园——地球的存亡息息相关。分析能源战的主要目的是为了揭示力量对比、矛盾和悖论。21 世纪的一大特征就是商业能源的大规模发展，这成为世界经济不可或缺的一部分。曾有一个世纪，能源与经济发展紧紧地捆绑在一起，后来我们又花了近一个世纪才意识到能源消费的增长给我们的环境和气候造成了怎样灭顶性的危害。

21 世纪初，人类最紧迫的任务之一就是协调能源、环境保护和经济发展三者的关系。特别是发展中国家，2002 年 9 月在约翰内斯堡召开的地球峰会已经明确地提出了可持续发展的要求。

法国电力公司前总裁马塞尔·布瓦特（Marcel Boiteux）曾在道德与政治科学院前就可持续发展发表演讲。他将地球比喻成了太空飞船，载着我们穿越茫茫的宇宙。"在这艘宇宙飞船上，一切东西稀少而又不可或缺：我们呼吸的空气及废气构成了我们的环境；饮用水、生物、生存空间则要求宇航员团结一致。但是，即使所有东西都是稀少的，也不能排除类似于经济增长这种形式的进步使太空舱里的生活变得不那么束手束脚，甚至在未来的某天达到了舒适宜居的标准。所以环境、团结、进步或增长构成了宇航员所奉行的金科玉律。假设一颗围绕地球公转的卫星上住了五个人，其中某一人私吞了80%的资源并产生了75%的污染，剩下的四人中，一人尚未温饱，两个还在生存线上挣扎，那么这颗卫星上将发生什么情况？也许有人会说这纯属胡诌。但我想说这就是地球目前的状况。"[1]

这个比喻恰如其分地揭露了21世纪的主题——由三个未知量组成的约翰内斯堡方程：在当下全球还有30亿人口的日平均消费不到2美元的情况下，如何协调全球的能源需求、环境保护和经济发展？解决经济、能源、环境不平等问题必然需要号召全世界人民团结一心。

综上，我们提出六条思考与行动方针，也是21世纪生存

---

[1] Marcel Boiteux. Le développement durable. Institut de France, Académie des sciences morales et politiques, séance du 18 novembre 2002, Institut, 2002, n°12.

战的主要内容：估计和考虑每种能源形式的社会、环境成本，把能效列入国际政策的重点，减少温室气体排放，使能源服务于经济发展和减少不平等现象，责任分配到每个主体，加强全球监管。

估计和考虑每种能源形式的社会、环境成本

整个20世纪，能源消费呈爆炸性增长，让我们意识到了能源生产和消费过程中会产生一些代价高昂的负面影响。由于这些成本往往是隐形的，很难被人识别，因此经常被决策机构遗忘。随着全球气候变化越来越突出，可持续发展迫在眉睫，人们也越来越希望深度了解能源生产和消费过程中涉及的社会和环境成本。经济学家一般把生产成本定义成内在成本，那么自然而然地，社会和环境成本就是外部成本。为了更好地解释这个概念，我们拿供电商举个例子。假设一个电力生产商在产电的过程中排放了二氧化碳、二氧化硫和多种粉尘。这些气体、固定排放物加剧了温室效应，对周围人群的健康造成了危害并影响了某些建筑材料的使用寿命。这个生产商并没有意识到他所造成的外部影响，他也没为此承担任何费用。因此识别、估计每种外部成本是控制政策定义的又一次扩展。每种能源形式的价格应该是其社会成本的总和，而不是仅仅考虑其经济成本。这一步是"外部成本国际化"所有行动中至关重要的一步，反映了"谁污染谁付钱"

的原则。

在该主题下开展的一系列研究中,我们可以先从欧盟委员会自20世纪90年代初就开始进行的深入研究入手。在后面的10年里,欧洲多学科高校研究小组已经出版了不少于十部研究成果,2003年末还重新撰写了一篇很短的综述[1]。该研究被命名为"ExternE",旨在量化欧洲电力生产和运输过程中产生的外部成本。因此并不是所有的能源外部成本都被考虑在内,之所以选择电力生产和运输,是因为这两项活动排放的温室气体分别占世界温室气体排放量的40%和25%。

ExternE研究小组采用的方法非常先进,而且随着时间的转移,内容越来越丰富。本次研究主要识别了七大可能因外部影响而遭受损害的领域:(前两项也为人体健康的两大方面)死亡率,发病率,建筑材料,农作物收成,气候变暖,噪声污染,生态系统状态。

比如发电,我们首先需要计算某个给定发电站及其发电技术产生的外部影响;其次我们需要估测这个发电厂的尾气排放量、尾气在大气中的扩散和影响;最后我们要把这些影响换算成钱。如此我们可以想象这个研究将会遇到的方法、

---

[1] Commission européenne, external costs. Research results on socio-environmental damage due to electricity and transport. Directoire General for Research, 2003.

阐释难题。一个人因呼吸困难或疾病而过早死亡，如何衡量这个人的生命价值？时间成本该怎么计算？我们遗留给下一代的某些成本的价值该怎么算？

对于产电，生产模式不一样，外部成本也不一样。不同生产模式之间的差距在 1—10 不等。外部成本大小主要取决于发电站使用的初级能源和相应的发电技术及发电站的地理位置。研究小组一个国家接一个国家进行估测。据图 6-1 显示，风力发电、核能发电及生物质能发电是生产模式中对外界影响最小的。① 估测对象也包括建造发电站产生的外部成本，比如说水泥和钢材制造时产生的外部影响。温室气体排放造成的损失参考影子价格被折算成现金，旨在达到《京都议定书》的固定目标。而对外部影响最大的能源产业是煤炭和褐煤，特别是对人体健康（体质下降、过早死亡）和气候变化的影响。

至于交通，ExternE 发现陆路交通的外部成本极为惊人。拿德国举个例子。据研究小组估测，德国每年陆路交通的外部成本维持在 300 亿欧元左右，其中包括交通事故（约 120 亿欧元）、空气污染、二氧化碳排放、噪声污染。相对而言，铁路交通和航空业每年的外部成本要低得多，大约是 20 亿

---

① 粒子形式的生物质能之所以成本呈分散状态，是因为许多技术并没有给予废气处理以相同的重视。计算核能的外部成本是基于投资回本期限为 0，极低的超严重核事故发生概率。

欧元。德国交通业产生的外部成本累计值达到了 330 亿欧元，即德国 1998 年 GDP 的 1.7%。

另一项研究是由法国桥梁和道路委员会开展的，旨在比较公路产生的社会成本和收入。关于成本项，该研究小组主要考虑了公路基础设施的投资和维护（150 亿欧元）、交通事故造成的社会成本、空气污染（80 亿欧元）、温室气体、交通堵塞、噪声污染，总计达 470 亿欧元（1998 年）。而关于收入，研究小组选取了燃料税（300 亿欧元）、通行税、保险等，总计达 410 亿欧元。社会成本和收入之间的差值大约是 54 亿欧元。但这个研究显然已经过时了。最新的研究，尤其是世界卫生组织重新统计了死于大气污染、特别是死于公路污染的人数。法国这项成本大概是 250 亿欧元，其中一项是污染的长期成本，约 80 亿欧元。[1]

以上所有测量数据当然还有指正、进步的空间。假设的设置、不确定性的处理、方法的选用都有待专家的批评和指正；随着我们对气候变化的影响、颗粒物在大气中扩散的方式和污染的流行病学有了更好的认识，自然测量结果将会得到优化。这些数据对于人类识别危害及其范围具有巨大的价值，是采取政治行动、识别可为与不可为、确认基础和应用

---

[1]《世界报》。

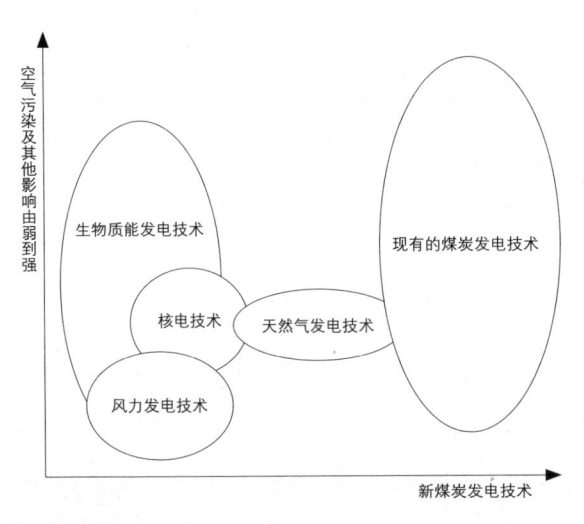

图中文字：
- 纵轴：空气污染及其他影响 由弱到强
- 横轴：温室效应从弱到强 / 新煤炭发电技术
- 生物质能发电技术
- 现有的煤炭发电技术
- 核电技术
- 天然气发电技术
- 风力发电技术

数据来源：欧洲委员会（Commission européenne），DG Research（2003）

图 6-1 电力生产过程中的外部影响

研究重点的指南。它们将帮助我们驾驭地球这颗卫星。需要注意的是，ExternE 使用的方法也适用于世界其他国家，比如俄罗斯、巴西和墨西哥。但是据 1998 年到现在接连不断的研究报告显示，情况正在恶化发展。要知道我们计算得出的污染的社会成本都是以《京都议定书》的目标为基准的。而随着时间的流逝，我们发现如果我们想要控制气候变化局势，那么我们必须加速超越《京都议定书》。

因此，外部成本的识别和分析结果告诉我们，没有哪种能源形式是完美的，所有能源都是把双刃剑。而且所有能源间并不是平等的，因为到目前为止化石能源还没有为其产生的社会成本买单，而可再生能源也没有得到相应的补偿。一项负责任的可持续发展政策应该包括已识别的外部成本的逐步内化。此外，现在国际环境变幻莫测、科技水平也日新月异，丰富能源来源必须作为各国战略的重中之重。

把能效列入国际政策的重点

全球能源的稳定供应如今困难重重：政治风险、科技风险、环境风险高发，对外负面影响加剧。在这样的局势下，当务之急就是提高能效，也就是在满足人类需求的同时减少能源消费。

我们回顾一下推导能源消费的经济逻辑。无论何种形式的能源，都属于人类为满足某些需要而采取的手段。这些需求相对来说比较简单：取暖、照明、运输。但是如果要细究人类的需求，则有工业需求和家庭需求、取暖和制冷需求、动力需求、照明需求。此外我们日常使用的电脑和数不胜数的电器都需要专门的电力供应。一般来说，我们的经济逻辑就是以最小的成本满足所有需求，但是由于能源实在太便宜，对富人来说其能源账单只能算是九牛一毛，中产阶级也基本直接忽略了经济的合理性和社会的合理性，除非后者对其产生了制约。

所谓控制能源需求的政策就是使用多种多样的手段来矫正不合理的消费行为：规章制度、税收、津贴、优惠措施、信息。这也是把外部成本内化的方法，尤其是对于减少温室气体排放具有重要的意义，因为减排前和减排后我们的满足感是相同的，唯一的不同就是我们消费了更少的初级和次级能源。许多国家都把控制能源需求列为了政策的核心，但是却很少有国家大力发展人力、物力手段来实现政策指定的目标。这些国家还是跟20世纪一样，相较之需求，更加重视供给。

能效提升的空间十分广阔，远远超出我们的认知。法国曾在"2000年—2020年能源展望"总署的带领下建立了未来的模拟情景。① 其中一个情景，"国家保护环境"展现了现有经济朝低碳经济转变的过程。如果我们拿该情景和能耗最高的情景的初级能源消费量做一个比较，那么将会得到六千万吨石油当量的差值，即1998年总初级能源消费量的四分之一。之后甚至出现了能耗更低的情景，比如"低能耗、高能效、可再生能源的负瓦特时代"。②

贝尔纳·拉蓬什（Bernard Laponche）曾以法国建立的虚

---

① 请参阅"2000—2020能源展望"总署的 *Trois scénarios énergétiques pour la France*（《法国未来三大能源情景》）和 *Perspectives énergétiques pour la France. Un scénario tendanciel*（《法国能源愿景》）. DGEMP, Observatoire de l'énergie.

② Les Cahiers de Global Chance. Débat énergie : une autre politique est possible. n°17, septembre 2003.

拟模型为出发点对整个欧盟进行深入研究。[1] 他最后得出的结论是，欧盟的能效提升空间大概是 2.82 亿吨石油当量，即 1998 年欧盟总能耗的 31%。而且能效提升的领域分布于交通（50%）、住房—第三产业—农业（34%）和工业（16%）。假设未来 20 年这些行业的能效能够稳步提升，那么将能有效节约 40 亿吨石油当量（主要是进口碳氢能源），即 7000 亿美元（以每桶 25 美元计算）。这些数据清晰地反映了如果一国不遗余力地改善能效，那么其对石油、天然气的依赖程度也将自动降低。

这样的研究值得我们进一步深入。但是，贝尔纳·拉蓬什的研究也告诉我们提高能效的工作量是多么巨大！这不仅仅是一项重大的经济挑战，也是一项棘手的政治挑战。

紧接着，贝尔纳·拉蓬什将其计算结果和结论推广到东欧和俄罗斯。[2] 在重工业国家俄罗斯，环境问题基本被排除在决策的考虑范围之外，能源商品低廉，根本无法弥补其社会成本，因此俄罗斯整个能源行业效率极为低下。但换个角度来说，俄罗斯的能效可提升空间相当可观。贝尔纳·拉蓬

---

[1] Bernard Laponche, Yves Merignac, Helene Stephan. La sécurité énergétique . étude pour le Commissariat général au Plan, mars 2001.

[2] Bernard Laponche. EU-Russia Dialogue and Russia's Energy Strategy. The Vital Role of Energy Efficiency, 2003.

什在对比了我们前几章提到过的两个文件——《俄罗斯2020年能源计划》和《国际能源署对俄罗斯的研究报告》后指出，提高能源效率将给俄罗斯的能源政策带来重大的战略价值。目前俄罗斯生产石油和天然气，一部分是为了满足国内市场需要，另一部分则远销国外，用来获取外汇。一旦俄罗斯采取了积极改善能效的政策，那么将极大地推动油气增产。我们经常听人说莫斯科离成为俄罗斯最大的天然气城市还远着呢，但事实上，莫斯科完全可能通过提高能效、节能减排而一举夺魁。

其他东欧国家的能效情况和俄罗斯也大致相同。基于可持续发展的共同心愿，东、西欧联手指日可待。

控制能源消费已经是世界各地能源政策的重点，政府间合作、经验交流和共同开发方案的机遇无限。工业、住房和第三产业、交通、电力生产是改善能效最有潜力的四大领域。

过去工业一直在能源资源丰富而廉价的大环境下顺风顺水地发展，而现在风向变了。根据法国的经验，能效改善的空间上升至目前总能源消费的23%。其中三分之二的能源是在加工阶段被节省下来的，最后三分之一是通过横向措施实现的。[1]

住房和第三产业也是节能减排的一大潜力股。在经济合作与发展组织成员国范围内，住房和第三产业的耗电量是总耗电量的60%。而且随着信息科技和通信科技突飞猛进的发展，该领域的用电量还在不断增长。当然也正是因为如此，住房和第三产业能效提升的潜力才如此突出。2003年，国际能源署发布了一则关于低能耗、高能效家用电器的创新研究报告[2]。在研究报告的前言中，克劳德·曼迪尔（Claude Mandil）指出如果国际能源署的成员国能快速出台并实施改善能效的政策，那么截至2030年其家用电器行业的耗电量将减少30%。该比例已经点明了住房和第三产业蕴藏着的潜力。至于法国，其经过精确测量得出的数据也大致吻合。[3]

在电力生产方面，提高能效最有效的技术就是复合式燃气轮机（效率为55%—60%）和电热联产（效率为75%—80%）。这两项技术大幅优化了初级能源和次级能源之间的转换关系，减少了温室气体的排放。在电热联产方面，欧盟委员会投入重

---

[1] ADEME. Pour une politique ambitieuse de maîtrise des consommations d'énergie. mars 2003.

[2] AIE, Cool Appliances. Policy strategies for energy-efficient home, 2003.

[3] O. Sidler. La maîtrise de la demande d'électricité. Les Cahiers de Global Chance, n°17, septembre 2003.

金，希望通过该技术改善能源效率。此外，复合式燃气轮机和电热联产技术使电力生产随时随地都能进行，消费者可以自行安装以天然气为燃料的产电、供暖系统，实现自给自足。这种"分布式"生产模式完全颠覆了传统发电站集中式生产、远程配送的模式。而且天然气的远程运输并不涉及电力运输相应的障碍。在21世纪，分布式生产模式应该会逐渐得到普及，能源体系多样化工程更上一层楼。在其"欧洲智能能源"项目中，欧盟委员会表示会全力支持去中心化的生产模式的发展。其庞大的能源体系将采用多种能源技术：电热联产、太阳能供暖、太阳能光伏、生物质能、热力泵。

运输业可能是问题最多、政治敏感性最高的行业了。原因很多：①世界上大多数国家的运输业正处于快速增长阶段，极大地促进了石油需求的增长和温室气体的排放；②运输业的发展与经济活动的自由化和全球化有着密不可分的关系；③运输业的发展部分依托于个人与企业对自由和流动性的需求；④运输业大部分参与者并没有为其产生的社会成本买单。人员和货物来往的增稠增密呈现指数型爆炸的发展势头。[1]

---

[1] Michel Mousel. L'urgence et le long terme . Liaison Energie-Francophonie, Institut de l'énergie et de l'environnement de la francophonie, n°58, 2003.

在其关于运输业的白皮书中，[1]欧盟非常小心地避开了运输业的发展速度远高于 GDP 增长速度的事实。人员与货物的自由流通难道不是建立统一市场的基石吗？但是如此增速从中长期来看并不是可持续的。我们在前文曾看到运输业相关的社会成本，尤其是公路交通是所有行业中最高的，而且极有可能被大大低估了。所以我们再次强调一下，目前公路交通业还没有为其产生的社会成本买单，而且未来很长一段时间将一直处于这种状态。

以上简单的道理都是为了运输系统能够被重新审视及校正。但是相关的政策方针却很难下发，一方面是因为其背后盘根错节的经济、政治、社会力量非常强大，另一方面则是因为运输系统的结构和行为具有极强的惰性和刚性。

为了实现可持续发展，世界必然要变革交通方式，只是节奏快慢不确定罢了。而节奏的快慢取决于集体意识。

我们汲取法国和欧洲的经验得出四大行动方针：

- 提高所有运输方式的表现。该目标可以通过推动科技发展、建立更严厉的规章制度、修改行为准则和交通工具的使用规则、维护等措施实现。要看到的

---

[1] Commission européenne, La politique européenne des transports à l'horizon 2010, 2001.

是在2003年，中国的汽车业发展还很落后，但是为了推出新汽车系列它采用了欧盟的最新标准。

- 引导交通业发展社会成本最低的交通方式：城镇公共交通、铁路交通、河运、货物海运。
- 通过土地规划和发展去中心化的工作模式来减少交通需求。
- 重新审视新交通工具的设计。难道我们不应该降低交通工具的最大功率和最大速度来确保交通工具更加符合实际需求吗？此外发展对石油产品依赖更低的交通工具也至关重要，一来减少温室气体排放，二来减少对石油的依赖：在燃料中混入生物燃料、发展电动和混合动力交通工具、发展燃料电池。在短期内并不存在主流模型，所以要进行大量的实验。[1]

欧洲、国家、大区、市镇都将是推动这场变革的主要力量，所有相关主体都将承担相应的社会责任。我们应该充分调动并协调所有可用的工具：标准、规章制度、投资、税、

---

[1] ADEME, op. cit., mars 2003. 也可参阅 Pierre Radanne. Les évolutions du secteur transport, rupture ou continuité ? Les cahiers de Global Chance, n°17, 2003. P-R Banquis. Quelles énergies pour les transports du XXIesiècle? Institut français du pétrole, série Analyses et synthèses, 2004.

津贴、优惠措施。

减少温室气体排放：超越《京都议定书》

从气候变暖被定义为潜在的危险到《京都议定书》的问世，足足花了20年时间。这部协议书奠定了首个国际行动方案的基础，是万里长征的第一步。在这20年里，那些被罚款的污染工厂抗议过，甚至试图缩减专家潜心研究出来的结论。直到1997年《京都议定书》的面世，全球变暖现象所代表的危害系数才广泛地被人们接受。在今天，大家普遍认为全球气候变暖的罪魁祸首就是人类活动产生的温室气体，而首当其冲就是二氧化碳。而气候变暖的趋势还在恶化中。如果人类仍旧保持不闻不问的话，到了21世纪末，全球平均温度将上升3—6℃不等。

当捕捉到气温这个要素，国际研究队伍就遇到了棘手的问题，那就是天气演变系统的极端复杂性。可以说人类想要准确地了解气候变暖带来的所有效应是不可能的。而在我们预期中的效应如下：海平面上升导致某些低洼沿海地区被海水淹没，比如说，孟加拉国近海一端；某些地区气候环境发生变化，尤其是生态系统变得更加脆弱，人体健康受损，农田沙漠化，农作物产量下降，某些物种趋于灭绝，相关暴力行动频发。随着科学的进步，其他负面效应也会一步一步大白于天下。但是，我们目前还不清楚这些现象发生的频率及波及的范围，因此对气候变暖相关社会成本的预测也并不是太准确。此外，那些可能在遥远的未来才会显现出来的危害并不能调动我们这一代人的积极性。

这就是地球"虚拟政府"遇到的第一个危机：如何保护全球所有人的共同财产——气候。温室效应是全球性的，其造成的影响可能是不可逆转的；它涉及所有的国家，即使美国或布基纳法索减少了一吨二氧化碳排放量，全球温室效应也并不会发生什么改变。但是从长期来看，这两个国家受气候变化的影响可能会被减弱，但是具体的机制是怎么样目前还没有得到证实。

鉴于气候变化现象的的确确存在，形势还不断在恶化，其影响内容和范围也尚不明朗，全世界人民联合起来一致对抗危机刻不容缓。这也是《京都议定书》得以建立的基础。工业国家最初制定的目标是从1990年到2012年，温室气体排放量减少5%。协议签署方主要是工业国家中的温室气体排放大国，占所有工业国家总排放量的55%。一旦协议各方签字通过，那么《京都议定书》将正式生效。一些在《京都议定书》署名的欧盟国家承诺在2020年前减排20%（"3个20"），但是在参看京都气候大会后的地缘政治后，我们认为这些目标并没有实现。

京都气候大会是人类第一次尝试组织集体行动。自此之后，协议签署国内部涌现了许许多多的声音，他们认为人类不该止步于《京都议定书》，应该走得更远、走得更快。在2002年于约翰内斯堡举行的地球峰会上，许多国家首脑也表示支持该观点。雅克·希拉克（Jacques Chirac）曾发表看法"我们眼睁睁看着房子被烧毁却无动于衷"；托尼·布莱尔（Tony Blair）在2002年提交了一份名为《我们的能源未来：建立低碳经济》的能源方案书，旨在2060年前减排60%。越来越多国家的人民也开始意识到气候变暖的严重性，并表示赞成能源转型方案。尤其是英国和法国在对抗气候变暖的斗争中表现得非常活跃，但是其国内的反对力量也不容小觑。《京都议定书》虽然没能实现既定的目标，但是"京都精神"和"超越京都"却已深入人心。[1] 即使是美国的某些州和某些城市也制订了减排计划。

尽管我们目前还不是很清楚应该以怎样的步调推进减排工作，减排应该做到什么程度和应该注入多少投资，但是各国各地必须配合进行减排工作，这关乎着地球和人类的生死存亡。其中掩藏的经济问题就是难以比较行动成本和不行动成本以及量化不确定的负面影响（也不排除一些积极影响）。

---

[1] AIE. Beyond Kyoto, energy dynamics and climate stabilisation. 2002.

最新的研究成果似乎都指向了五大行动方针[①]。

减排：核心在于提高能效

几乎所有能源政策都会把改善能效列入减排工作的核心。就像我们在前文提到的那样，改善能效百利而无一害：降低社会总成本，其中包括气候变暖导致的现在及未来的成本；减小经济对能源的依赖性，因为随着能效的提高，我们能用更少的能源生产同等的附加值。此外，所有的科技进步对于汽车业或住房来说都是福音。

减排：未来科技大战

即使现阶段的能源体系呈现出极强的惰性，但是毫无疑问，21世纪末的能源体系将迎来一个崭新的面貌。能源体系转型的速度取决于气候变暖的紧急程度及公民接受并推动转型的力量大小。此外，目前许多新科技正处于研发阶段，潜力无限，未来完全有可能实现以合理的经济和社会成本生产和消费能源。

---

① 特别推荐 Roger Guesnerie 在经济分析委员会前作的报告 Kyoto et l'économie de l'effet de serre. La Documentation française, 2003. Combattre l'effet de serre nous mettrait-il sur la paille ? Edition les Petites Pommes du savoir, 2003.

本书的目的并不在于为读者事无巨细地讲解未来的各项新技术。感兴趣的读者可以参阅一些专业著作。通过这些专著，读者会发现工程师和物理学家往往容易低估经济和金融相关的要素，过于乐观主义。在此，我们仅对某些重要的大政方针及含糊不清、容易被误解的主题进行点评。

1. 美国极为重视科研工作

就在欧洲摩拳擦掌准备兑现在京都气候大会上许下的承诺时，美国的关注重点却放在了科研上，随时准备投掷大量资金、加快未来科技的发展速度，希望通过科技手段解决温室效应。此外，美国政府还出台了全国减排方案。鉴于美国拥有着丰富的煤炭资源，"气候变化科技"项目会更加重视发展本土煤炭技术及二氧化碳的捕捉与埋藏技术。另外一个重点涉及氢能源电池发电。当然美国也可能重新发展核能。但是无论是哪种措施都无一例外地遇到了经费批准难的问题，主要原因是国会议员就能源问题的意见不一及地区外围集团的干涉。

2. 推动国际研究计划

气候变化带来的问题也加快了国际项目的发展步伐。比如说碳收集领导人论坛（Carbon Sequestration Leadership Forum）聚集了美国、欧盟和 13 个碳排放大国，建立了"氢能源经济的国际合作伙伴关系"。这些国际项目都为各国交流可持续发展的科学经验提供了平台。

3. 核能的未来

能源的未来还是个未知数。继芬兰建造欧洲压水堆之后（见第一章和第三章），也有其他国家加入了发展核能的队伍，为今日科技和未来科技建立起了桥梁。之后两大国际倡议接连出世："四代"（Génération IV）项目，涉及10个国家，旨在研发更加安全、更加经济的新型核裂变反应堆；"国际热核实验堆"（International Thermonuclear Experimental Reactor）跨国计划，旨在发展核聚变技术，而后者被誉为逾50年来最理想的能源来源。

4. 发展氢能源经济的条件

氢能源经常被认为是未来的能源解决方案，不仅能解决能源供应安全问题，还能解决温室气体排放问题。但是从现有经济向氢能源经济过渡的阶段，会碰到不少科技、资金、制度相关的障碍。

- 氢能源不是能源来源，而和电力、碳氢燃料一样属于能量载体。
- 氢能源可以从烃类、含碳气体、甚至生物质能的重整中获取，也可以通过电解水得到。但是前者会产生二氧化碳，除非进行碳储存；后者则要求低廉的电力资源。

- 发展氢能源意味着需要建造运输、储存、分配网络。因此我们需要有计划地衔接氢能源使用和上述三大网络，为移动燃料电池（运输）或固定燃料电池（去中心化的电力生产）输出氢能源。
- 向氢能源过渡是一项长期任务，伴随着优势，也伴随着成本。[1]

5. 可再生能源

可再生能源开发潜力很大，是人类抵抗气候变化的重要手段。其发展程度高低取决于以下几个要素：科研力度、成本降幅、公共政策效率。鉴于各地情况的多样性，每个国家鼓励发展的可再生能源可能不同。比如说，在工业大国圈子里，美国更加倾向于发展生物质能和太阳能，日本更加关注光伏和地热能，德国更加偏重风能和光伏，而瑞士的重心主要是太阳能。相比之下，法国在发展可再生能源的热忱上明

---

[1] CERA. Hydrogen economy : how far and how fast ? Private Report, 2003. CERA. Portable fuel cell. Disruption from below. Decision Brief, 2003. CERA. Fuel cell vehicles as power plants : not plugged in ? 2004.

显要低很多。

许多目前还在开发阶段的科研项目，或偶尔一些已经投放市场的研究成果可能会给原来的能源体系带来巨大的冲击，比如说，超导电力技术、天然气燃料转化技术、转基因技术。未来的能源体系将很有可能变得更加多元化，对科技多样性的要求也会更高。

减排：丰富能源构成

和改善能效一样，丰富能源构成也是所有能源政策的关键点之一，一方面能减少经济对化石能源的依赖，另一方面也能更好地识别各个能源形式的优势和劣势。就像我们前文说的那样，没有哪种能源是完美的，所有能源都有其特定的经济成本和社会成本，而建立可持续能源体系需要尽可能多元化能源结构。此外，每个国家的最优能源配置也是有差异的：每个国家会根据本土自然能源的丰裕程度，优先开发本土自然资源。

一项能源多元化政策可能会包括以下两大互为补充的方面：一方面是鼓励科研工作，发展未来科技；另一方面则涉及对外影响的内化，旨在计算每个能源形式的总成本。在这种情况下，政府会采取各种激励机制推动可持续能源的发展，比如优惠政策、津贴、价格下限。在所有可持续能源中，风能是发展情况最好的，尤其是在欧洲。据欧盟2001年和2002

年的统计数据，风能发电的产能打败所有其他可持续能源，遥居榜首。但是我们必须清醒地意识到发展风能需要投入大量的资金，而目前污染能源还没有承担其相应的温室气体排放税，无法为风能发展项目提供资金。此外，我们也要了解可再生能源的局限性（框文6-1）。

框文6-1 可再生能源的局限性

鉴于可再生能源的环保属性及其在优化能源结构中的重要性，目前可持续再生能源的发展非常顺利。但要看到的是，虽然可再生能源在能源篮子中的比例上升了，但可再生能源发电依然深受其自然属性的掣肘。

运行条件限制

可再生能源发电站只在自然能源存在的情况下才会运转。除此之外，可再生能源的质量也极为关键，比如说，风力发电站，只有风速大于7m/s的时候才能输出电力。因此相比于燃料发电站，可再生能源发电站的运转时间要短得多：风力发电的时段只占一天的20%—25%，光伏发电只可能在白天进行。

生产不可预测

电力是一种不可储存的次级能源，所以发电站必须根据实时的电力需求生产出相应数量的电力。这种间歇性运转的模式会提高整个电力体系的平衡成本。而太阳能、风力发电站的特点是只在自然能源到位的情况下才进行产电,并不以需求量的大小为转移。一旦这两种发电站暂停运转,那么这时候热能发电站就必须快速增加产量,填补空缺。可再生能源发电站的这种不可预测性就直接导致了其难成为一国电力供应的支柱。

赞成发展可再生能源,但是价格如何?

尽管可持续能源的成本一直在降低,但是相比于传统能源,它的竞争力还不是特别明显。一直以来可持续能源都是在政府的扶持下才得以发展,其生产成本才得以降低。但是政府给予津贴并不是无条件的,可再生能源必须拿出相应的成效:尤其是可持续能源的发展是否真的减少了温室气体的排放?其成本和其他减排机制相比是否具有优势?

数据来源:Coralie Chappaz,剑桥能源研究协会(CERA)

优化能源结构显然会涉及核能问题。严格地从污染和温室气体排放的角度出发,核能可以说是一种比较理想的能源形式。核能带来的好处非常多,比如说,它为交通工具(列车、有轨电车、电动汽车)供能,带动交通系统的发展。再者,核能是生产氢能源和海水淡化重要的能源来源。因此我们应该站在丰富能源篮子的视角辩证地看待核能。

减排：物尽其用

从可持续发展的角度看，没有哪个能源产业是无懈可击的，就像从刺激、校正、引导的角度看，没有一个经济工具是完美无缺的。随着能源和环境问题成为全球问题，在能源转型阶段，最明智的做法就是动用所有可用的工具，即使是怀着实验的心态。只有这样，我们才能进行比较工作，才能找到最优的解决方案。应对温室气体排放的可用工具首先是和能效挂钩的一系列措施，比如标准、税收、津贴、优惠措施以及证书（绿、白）、某些经济参与者自发的承诺和诸如排放许可的市场机制。在此，我们不对所有工具的优点和局限一一展开叙述，只是就此发表一点评论。

- 甄别各项工具的外部成本应该和挑选最优的解决方案以及最成熟的设备同时进行。欧盟委员会就房屋节能减排相关的研究成果为各国制定能效政策提供了新的辅助工具。
- 标准的制定反映了一国调整现有能源体系结构的政治决心：高能效，低污染，低社会成本。一般来说，建立新的标准前，政府都需要咨询专家的意见。
- 税收相对来讲应该是最容易实施的工具了，但是往往会受到工厂和家庭的抗议。[1]比如说，石油行业一旦面临增税，将会变得异常团结，无论是价值链上游的生产商还是下游的小汽车驾驶者都会站起来抗议。但是从长期来看，税收这项措施无疑是利大于弊的，因为各种能源形式的价格更真实地反映了其社会成本。由此大幅度上调燃料税及设立交通工具税完全是站得住脚的。法国和欧洲正是从这个角度出发想到了环保税，并且纳税比例直接与排放量挂钩。除此之外，还有一些名为"双红利"的补充机制，即企业在缴纳排污税的同时，其为员工缴纳的社会分摊金将会得到减免。对于国家预算来说，这一进一出正好互相抵销。该税收体系具备双重优势：既鼓励了创造就业，又减少了温室气体排放。目前已经有几个欧洲国家采用了这种形式的环保税。比如说，法国1999年就实行了污染活动应缴普通税（TGAP），朝能源税合理化迈进了一大步。但是制宪委员会后来宣布该税无效，因为它违背了平等原则。其他方面，诸如伦敦、新加坡等大都市都

---

[1] 参见 Dominique Bureau, Olivier Godard, Jean-Charles Hourcade, Claude Henry 和 Alain Lipietz 在经济分析委员会前作的报告 Fiscalité de l'environnement, La Documentation française, 1998.

出台了大城市通行费，促进了联运的发展。

- 政府补贴和优惠政策是促进可再生能源发展必不可少的措施。目前使用最广泛的机制是：制定价格上限、组织竞争性拍卖、建立环保证市场。不同机制下扶持可再生能源发展的成本（以每吨二氧化碳代表的欧元数目来计）出入非常大。[1]

- 排放许可。为了限制减排成本，《京都议定书》规定建立碳排放权交易所。欧盟委员会是该方面的领军机构，于2005年建立了世界首个碳排放权交易所。每个国家都给重污染企业规定了排放上限并向其颁发了排污许可证。一旦排放量超标，那么企业必须到交易市场购买排放权。这样就使减排成本最低的企业能把多余的排放份额转卖给减排成本最高的企业。二氧化碳的价格则由该市场决定（框文6-2）。

---

[1] 关于这些问题，可参见CERA. étude Multiclient. 2003. H. Baguenier, Taverdet-Popiolek. Instruments d'une politique de production d'électricité renouvelable dans un contexte de libéralisation des marchés énergétiques européens. P. Menanteau, M.-L. Lamy, D. Finon. Les instruments de marché pour la promotion des énergies renouvelables : intérêt et limites des échanges de certificats verts, entre efficacité allocative et efficience dynamique . Economies et sociétés, Série économique de l'énergie, n° 2-3, 2003.

框文 6-2 二氧化碳价格

- 市场价格限制：减排条款越是严苛，碳排放权交易所显示的价格就越高。
- 价格反映了减排措施的边际成本。
- 价格与初始许可证分配情况无关。
- 公共参与者与私人参与者之间的较量可能会导致市场异化：首先，某些投资者对系统的稳定性缺乏信心，从而撤回或削减了投资，导致价格快速向上浮动。其次，诸如"联合履行机制""清洁发展机制"等减排计划向碳交易市场注入了大量相对廉价的排放额度。最后，排污许可证集中在某些市场参与者手里，市场力量问题受到质疑。
- 许多模型都试图量化减排措施对一个地区、一个行业或一个国家的宏观经济产生的影响：从无排放限制的基点出发，计算某一行业的减产数量或GDP的下降幅度。这一步骤对于帮助人们理解限排措施对竞争力、就业、资本和服务的流动等宏观层面的冲击非常实用。而且从理论上讲，该统计工作也有利于确定减排的最优值，即减排的边际成本等于边际收入时的解。

数据来源：Benjamin Leyre，剑桥能源研究协会（CERA）

减排：邀请发展中国家的加入

邀请发展中国家加入减排大军极为关键，但是又极为困难。因为我们知道经合组织成员国代表着全球近 60% 的排放量。在这种情况下，发达国家还要求贫穷落后的国家去减排似乎有些厚颜无耻。《京都议定书》希望借助"清洁发展机制"和共同投资计划"联合履行机制"把碳排放权交易市场扩展到发展中国家。一旦这些国家加入了碳排放配额体系，那么必然会积极地使用更加环保的科技，在交易所转售多余的排放权而获取利润。

除了京都气候大会以及《京都议定书》的执行，环境保护理念逐渐伸展到普通大众生活的方方面面。中国、印度、巴西、墨西哥和韩国是坚持可持续发展的正面例子。其动力主要来自于大都市的环境污染。中国就是一个典型例子。随着中国经济的腾飞，其能源需求也经历了前所未有的增长。煤炭、石油产品的消费产生了大量污染物，逐渐超出了环境可承受的范围，因此中国政府开始出台减排措施。能效最低、污染最严重的煤矿被关闭。[1] 此外，中国政府为提高能效和改善能源结构做出了许多努力：三峡巨型水电站、核电站项目招标、发展天

---

[1] AIE, Beyond Kyoto, 2003.

然气。

使能源服务于经济发展和减少不平等现象

我们重拾马塞尔·博瓦特的比喻，如果太空飞船上的贫富差距仍停留在 21 世纪初的水平，那么飞船将难以继续航行。纵观人类的历史，消除贫困是一个老生常谈的问题，但是约翰内斯堡峰会把脱贫与能源、环境和经济发展紧密联系起来，给予了脱贫新的内涵。也就是我们本章开篇提到过的"约翰内斯堡方程"。能源首先是经济发展的基本要素，其次也是扶持经济发展的手段。

现代能源（电、丁烷气）确实是经济发展的必要条件，但不是充分条件。此外，目前世界上有 16 亿人还没有机会享受到现代能源。[①] 电力的地位已经和饮用水一样，属于必需资源。只有通电状态下，水泵、冷藏库（保存疫苗、药物、灭菌）、医疗机械才会工作，我们才能看电视、获取最新的信息技术和通信技术。互联网已经成为教育，与外部世界交流信息、知识、文化和贸易关系的主要成分。一个非洲或巴西小村庄的乐队可以通过网络传播其演奏作品。当然不要忘记互联网是一把双刃剑：虽然提供了多样化的机遇，但是潜藏着

---

① AIE. World energy outlook. 2002. XIII. Energie et pauvreté.

可怕的危险。我们必须通过教育正确引导人们的网络行为。

那些贫困地区的人们由于无法获得现代能源，只能依靠柴火和其他生物质能（比如动物的粪便）进行烹饪、取暖，从而加快了这些地方的森林退化和沙漠化。收集柴火是一件极为耗时的事情，在印度，该时长大概是每天2—7小时。此外，当地居民在这种简陋的烹饪条件中很容易患上严重的呼吸疾病。据国际机构和研究所[①]的分析和诊断报告显示，摆脱贫困、加快经济发展迫切需要普及现代能源和改善消费模式。但是我们在设计相关方案时也不能掉以轻心，要看到在许多情况下，替代能源的成本要高于柴火的成本。

2000年9月，世界银行、国际货币基金和其他国际机构发布了经济发展千年目标，就减少贫困、改善公共医疗和教育、保护环境设置了具体的目标。水、电力等基础资源的获取在该计划中占据着非常重要的位置。2002年3月，在墨西哥蒙特利召开的会议上，国际社会承诺在2015年前把贫困人数减少至原来的一半。世界银行和国际货币基金也对其传统

---

① 世界银行、国际能源署和联合国多个机构都提供了相当丰富的参考资料，参见 Banque mondiale. Développement durable dans un monde dynamique. Améliorer les institutions, la croissance et la qualité de la vie, rapport 2003. Conseil mondial de l'énergie（世界能源理事会）. Une seule planète pour tous. 2003. EDF. Electricity for all. Targets, Timetables, Instruments, 2002.

的干预模式——饱受攻讦的结构调整方案做出了修改。自上而下，国家或地区的脱贫项目如春笋般涌现。消灭贫困不再是一个孤立的概念，而是结合了获取水电、教育、公共医疗、妇女地位和环境保护等多个领域。在能源方面，可作为的空间非常广阔：双边合作、多边合作、跨级合作（大区联手城市）。在各方权责划分清晰的框架下，共同计划和行动可以很快地进入实施阶段（框文 6-3）。

框文 6-3 欧洲地中海：巩固联盟

互补性

地中海南岸的国家生产碳氢能源（阿尔及利亚、利比亚、突尼斯、埃及），北岸的国家进口碳氢能源。

互通网络的发展

建立阿尔及利亚—突尼斯—意大利和阿尔及利亚—摩洛哥—西班牙之间的天然气管道系统和液化天然气供应系统。打造全地中海电力系统，覆盖所有地中海沿岸的国家，包括以色列和巴勒斯坦地区。这样的互通网络加强了东西和南北经济体的相依性，维系了该地区的稳定与和平。

市场衔接

欧洲电力市场和天然气市场的自由化运动要求地中海南北两岸建立新的贸易关系：地中海北部的国家追求能源供应安全，南部国家则需要有稳定的客户来源；欧元对美元的优势上升。

投资

南部国家需要吸引国际资本，为矿床的勘探和开采、电力生产和工业生产募得资金。这就要求建立稳定的法律、税制、机制框架和加强地区的吸引力。

航海控制

地中海是一个脆弱的生态系统。随着俄罗斯、里海地区与欧洲的油气贸易关系越来越密切，油船、汽船川流不息，地中海的海上运输更应该加强监管。此外还应建造输油管道以减轻海运的压力。

合作

在能源领域，地中海两岸、南部国家之间的合作机遇非常多。对于后者，一如阿拉伯马格里布联盟。合作内容主要涉及改善能效和发展可再生能源（太阳能、风能）。合作形式可以是双边的、多边的，也可以是区—市跨级的。

如果我们想在2015年前就实现贫困人口减半的目标，那么发达国家必须提高经济援助金额，而不是开空头支票。经费的筹集则可借助能源税。石油生产税或煤油税可比金融交易的托宾税要容易执行得多。通过向每桶原油征一美元的税，即原油价格（每桶100美元）的1%，按日产8000万桶计算，每年累计的税收额将达到290亿美元，相当于美国财政预算的 6 倍，国际发展援助金额的 35%。这项受某些政治家[①]推崇的方案无疑会遭到原油生产国、消费者和大型石油公司的抗议。但是，无论如何我们都必须解决能源消费、气候变化和经济发展这三者互相牵制的问题。虽然贫穷不是滋生恐怖主义的首要原因，但它也是恐怖主义的推手。世界上的某些地区，由于高失业率和低教育水平，成为了恐怖组织的温床。

当然，并不是只要提高援助资金就能根除贫困了。管理和使用这些援助金也非常重要。如何收集税收？如何分配？如何监管拨款？首要的投向应该是电和饮用水的获取。

除贫问题不能脱离于经济发展的大框架。除了给予发展援助金，发达国家还应该致力于改革贫困国家的其他方面，比如农业补贴。马塞尔·博瓦特曾说，发达国家的农产品价格是"加倍得低"，一方面是因为价格补贴极高，另一方面是因为价格不包括农业生产活动破坏环境的成本。

巴西前总统卢拉·达席尔瓦（Lula da Silva）曾邀请发达国家扶持发展中国家的经济发展，因为随着最贫穷国家创造并积累了财富，它们对发达国家的商品的需求也会增加。这就是福特"一天五美元"的原理，通过提高工人购买力的方法成功地在 20 世纪初把福特工人变成了福特的顾客。这也契

---

① Olivier Giscard d'Estaing. Plaidoyer pour des taxes mondiales . Le Monde, 29 mars 2003.

合了马歇尔计划的思想，即1947年至1952年美国人制定的欧洲重建计划，旨在"消除饥饿、贫困、悲观和混乱"[1]。简而言之，为发展中国家注入购买力就是刺激世界经济增长。因此针对发展中国家的马歇尔计划也应该提上议程。

各尽其责

求解约翰内斯堡方程，既要求物尽其用、人尽其事，还取决于行动派和观望派之间的实力对比。从过去到现在，两方一直在政治（权）、经济（钱）、伦理（可持续发展、平等）三大方面互相较量，难分高下。

首先政府和国际机构应该承担起相应责任，特别是在信息公开和保证透明度上。在这方面，国际机构发起或监督的研究项目起到了非常重要的作用。比如说，某研究小组为改良外部成本的估测方法耗时十年潜心钻研，但是这项研究本身及其成果都将直接打击既得利益，但是国际机构还是顶着压力将研究报告公之于众。

事实上，新的科学知识和经济学知识就是在这样矛盾重重的环境下被发现并逐渐为世人所知的。但是知识的突破总是伴随着不确定性的扩大。这也是贯穿本书全文的一大问题。

---

[1] 协和广场的一个牌子上写有马歇尔计划的这个目标。

能源、环境、经济发展这三者的关系完全是一个崭新的思考领域，而且首次摆在了全世界学者面前。在能源层面，有能源资源的和没能源资源的，滥用资源的和资源不够用的人互相仇视；在环境层面，污染企业、渴望发展的企业、环保企业势如水火；在经济发展层面，社会两极分化并不是某个国家特有的问题，而是一个国际难题。

这就要求各主体认识到问题的严重性并各自承担起相应的责任。每个人都应该清晰看到自己所在社会乃至全世界面临的种种风险和自己造成的社会成本。企业、公民、政府、政党、工会、国际机构、非政府组织、地方行政单位都应该意识到自己在这场大战中肩负的责任。正是基于这样的精神，法国电力公司才会在约翰内斯堡峰会上发起倡议——"让所有人共享电力带来的便利"（electricity for all）[1]。

企业是解决"约翰内斯堡方程"的核心力量。一直以来，企业都自认为与环境和经济发展无关。但是时至今日，能否解决该方程已经成为关乎企业生死的问题。企业扮演着多重角色：能源生产、消费、建造、投资、加工、管理、运输。

越来越多的企业开始意识到可持续发展对它们的意义，并主动承担起环境、伦理和社会责任。现在国际企业的一举一

---

[1] EDF, Electricity for all. Targets, Timetables, Instruments, World Summit for Sustainable Development, 2002.

动都受到平民社会和股东的监督。伦理基金、社会和环保评级机构成为了坚持可持续发展道路新的制约力量。新治理模式正在向我们走来。[①] 在约翰内斯堡地球峰会上，曾有800家企业到场。近千家企业自愿加入全球契约（Global Compact），并承诺其分布在全球各地的分公司都将在从事经营活动时尊重人权、遵守国际劳动规定和保护环境。即使在石油界，大型石油公司也开始与国际机构、非政府组织和某些政府（尤其是美国政府和英国政府）结盟，呼吁增加石油行业的透明度及公开石油收支情况。比如说，托尼·布莱尔曾发起"采掘业透明化倡议"（The Extractive Industries Transparency Initiative），鼓励石油公司公开其向政府支付的款项。这也是目前G8峰会讨论的问题。增加石油行业透明度能够刺激投资。因此企业的牵引作用就体现出来了：企业可以引导政府去做其不会自发去做的事。拿米歇尔·德朗古（Michel Drancourt）的话来说就是企业可能成为"可持续发展的母体"[②]。

至于公民，他们应该尽力去获取信息，为自己的选择和行为负责。这方面，地方行政机构起着决定性的作用。至此

[①] Michel Albert. Une nouvelle économie sociale de marché ? Quels modèles d'entreprise pour un développement durable . Futuribles, juin 2003.

[②] M. Drancourt, Les arbres ne poussent pas jusqu'au ciel, donc il faudra beaucoup de forêt. Village Monde, 2003.

我们不禁联想到了上文"化石能源并没有为其产生的所有社会成本买单"。虽然公民的确可以自由驾驶一辆 4×4 大排量的汽车飞驰在巴黎大区，但是为了社会效益，车主应该为其选择付出高昂的代价。要知道该汽车的能耗是一辆小排量汽车的 5 倍。开空调更使汽油消耗量、温室气体排放量增加了近 20%。而环保主义者有时会反对建立新设施。在加利福尼亚和世界上某些地区，"绝对不在任何地方、靠近任何人的地方建造任何东西"（Build absolutely nothing, anywhere, near anybody，简称 BANANA）现象取代了之前的"不在我的后院建造东西"（Not in my backyard，简称 NIMBY）。紧接着，我们惊讶地发现这些地区竟然会时不时断电。公共利益应该凌驾于个人利益。欧盟为此还建立了一套公共事业申报程序来加强公共服务的概念。

我们预计 2030 年前 95% 的人口都将在城市降生。但是这样是可持续的吗？我们在本书引言中就已经特别强调过地方行政机构在处理能源和环境关系中的重要作用。城市首先是能源消费者。欧洲的城市现在已经可以就电气供应合同和生产商议价。因此城市也能够直接通过提高相关设施的能效实现节能减排。其次城市作为土地规划者，也直接面临着能源生产和消费带来的一系列危害：空气质量下降、噪声污染、垃圾收集和处理。鉴于这些因素，城市在重新组织当地系统使之符合可持续发展原则上也能大有作为。《21 世纪地方议程》已经指明了 21 世纪城市应该采取的各项行动。城市可以充当催化剂协调个人、贸易、行政、企业各方的行动。世界上有些城市在这方面的成就甚是瞩目。比如，津巴布韦布拉瓦约的垃圾处理和生物质能的发展、芝加哥的减排措施、巴西库里提巴的垃圾回收和城市规划、德国"阳光之城"弗莱堡的太阳能发展、日内瓦的优化能源结构提高能效和城市规划、瑞典哥德堡的提高能效和绿色采购、新西兰哈密尔顿的降低环境影响、日本川越的提高能效、厄瓜多尔基多的城市规划和新加坡的城市通行税及空间规划[①]。

加强全球治理、设计新的监管模式

前面许多章都论述了监管的重要性：监管自由市场、监管碳氢能源和电力供应安全、监管各主体的行为。

这几大监管需求内容迥异，因此需要层层处理：地方行政单位、民族、跨民族。除了这些特殊的需求，解决约翰内斯堡方程还要求加强目前尚处于萌芽阶段的全球治理。气候和地球的状况是世界公共财产，因此保护地球需要全世界人民共同的努力。这项强调整体性的措施不仅仅包括能源、环境和经济发展。经济全球化及其产生的一系列问题急需新的

---

① 具体内容可参见这些城市的官网。

全球治理模式。2001年的"9·11"事件已经显示出全球治理的需求。这一块我们将在《世界经济驶向何方》一书中予以详细地讲解。

全球治理的职能只能委托给联合国以及附属机构和布雷顿森林机构。其中联合国的G20峰会承担着非常重要的角色。

鉴于21世纪的能源大战及战争的长期性，我们特在此指出全球治理的几大方向。

- 监管资本流动，尤其是跨境资本流动的透明度。为了保护所有人的利益，现有的组织机构应该具备额外的手段来追踪黑钱、腐败和资产转移。
- 监管。应该加快政府间气候变化专门委员会（IPCC）的研究进程、设计并执行京都后机制。加强石油海运的相关国际条例，防范污染、打击海盗。
- 加强以经济发展、消除贫困、获取基础资源为核心的国际政策。
- 在发展中国家推进国际科研项目并把可持续发展相关技术优先引入发展中国家。
- 坚持塑造公正公平的国际环境，问责、严惩违反人权和国际空间正常运转条例的人与机构。

21世纪的能源战相比于过去是一个完全崭新的领域，旨在不惜一切代价保证地球的可持续发展。赢得这场战斗，更加需要人心而不是金钱，更加需要人类对生存得更好的愿望而不是生产欲望。这是一场理性与物质的较量，也是为什么这场战斗被称之为恶战的原因。战场局势瞬息万变、错综复杂，因为战斗的对象不止一个，与此同时传统的能源战的战火还在肆虐。毕竟世界经济的发展在未来很长一段时间内还需要依赖石油和天然气，因此石油、天然气资源的抢夺和开采仍旧异常激烈。在此过程中甚至可能出现新的暴力行动，因为油气资源的地缘政治使我们越来越依赖于政治不稳定地区的能源供给。许多因素互相交织，促使能源价格暴涨：美国对进口油气的依赖性进一步加深；面对人口压力，能源生产国需要大量资本来维持社会和政治稳定；扼制气候变暖必须减少能源需求和改变消费模式。过去一个多世纪全球经济在充裕而低廉的能源条件下一路顺风顺水地发展，但是如今必须进入一个新阶段。解决能源、环境与经济发展关系问题刻不容缓。人类从未像此时此刻般那么渴求教育、民主和帮助落后国家发展经济。全世界人民将是众志成城、同进同退，当然，也有可能不是。

参考文献

1. Agence Internationale del'Energie（国际能源署）,World energy outlook（《世界能源展望》）.

2. Agence Internationale del'Energie（国际能源署）, Special report 2011 : are we entering a golden age of gas？（《2011 年特报：我们是否进入了天然气黄金时代？》）.

3. Chevalier Jean-Marie（dir.）. Rapport du groupe de travail sur la volabilité des prix du pétrole（《小组报告：石油价格浮动》）. Ministère de l'Economie, des Finances et de l'Emploi, février 2010.

4. Chevalier Jean-Marie. Les 100 mots de l'énergie（《100 个能源词汇》）. PUF, coll. Que sait-je , 2e édition, 2010.

5. Chevalier Jean-Marie , Geoffron Patrice（dir.）.Les nouveaux défis de l'énergie. Climat, économie et géopolitique（《能源新挑战：气候、经济、地缘政治》）, Economica, 2e édition, 2011（英文版 The new energy crisis. Climate, economics and geopolitics, palgrave macmillan, 2012）.

6. Chevalier Jean-Marie, Derdevet Michel,Geoffron Patrice. L'avenir énergétique : cartes sur table（《能源未来：一目了然》）. Gallimard, coll. Folio Actuel, 2012.

7. Chevalier Jean-Marie, Ladoucette Philippe de (dir.) . L'électricité du futur : un défi mondial (《未来的电力：全球挑战》). Economica, 2010.

8. Grand Emmanuel, Veyrenc Thomas. L'Europe de l'électricité et du gaz. Acteurs, marchés, régulations (《欧洲油气：参与者、市场、监管》). Economica, 2011.

9. Percebois Jacques, Mandil Claude (dir.) .Rapport du groupe energies 2050 (《能源集团2050年报表》). ministère de l'Industrie, de l'Energie et de l'Economie numérique, février 2012.

10. Perthuis Christian de.Et pour quelques degrés de plus… changement climatique : incertitudes et choix économiques (《温度再升几度……气候变化：不确定性和经济抉择》).Pearson, coll. Les temps changent, 2e édition, 2010.

11. Stern Nicholas.The economics of climate change. The stern review (《气候变化经济：斯特恩评估报告》).Cambridge University Press, 2007.

12. Yergin Daniel.The quest. Energy, Security and the Remarking of the modern world (《重塑能源世界》).Penguin Press, 2011.

绿色发展通识丛书·书目

GENERAL BOOKS OF GREEN DEVELOPMENT

01	巴黎气候大会 30 问
	[法] 帕斯卡尔·坎芬　彼得·史泰姆/著
	王瑶琴/译

02	倒计时开始了吗
	[法] 阿尔贝·雅卡尔/著
	田晶/译

03	化石文明的黄昏
	[法] 热纳维埃芙·菲罗纳-克洛泽/著
	叶蔚林/译

04	环境教育实用指南
	[法] 耶维·布鲁格诺/编
	周晨欣/译

05	节制带来幸福
	[法] 皮埃尔·拉比/著
	唐蜜/译

06	看不见的绿色革命
	[法] 弗洛朗·奥加尼厄　多米尼克·鲁塞/著
	吴博/译

07　自然与城市
马赛的生态建设实践
［法］巴布蒂斯·拉纳斯佩兹／著
［法］若弗鲁瓦·马蒂厄／摄　刘姮序／译

08　明天气候 15 问
［法］让·茹泽尔　奥利维尔·努瓦亚／著
沈玉龙／译

09　内分泌干扰素
看不见的生命威胁
［法］玛丽恩·约伯特　弗朗索瓦·维耶莱特／著
李圣云／译

10　能源大战
［法］让·玛丽·舍瓦利耶／著
杨挺／译

11　气候变化
我与女儿的对话
［法］让-马克·冉科维奇／著
郑园园／译

12　气候在变化，那么社会呢
［法］弗洛伦斯·鲁道夫／著
顾元芬／译

13　让沙漠溢出水的人
寻找深层水源
［法］阿兰·加歇／著
宋新宇／译

14　认识能源
［法］卡特琳娜·让戴尔　雷米·莫斯利／著
雷晨宇／译

15　如果鲸鱼之歌成为绝唱
［法］让-皮埃尔·西尔维斯特／著
盛霜／译

16　　　　　如何解决能源过渡的金融难题

　　　　　　　　　　　　［法］阿兰·格兰德让　米黑耶·马提尼／著
　　　　　　　　　　　　　　　　　　　　　　　　叶蔚林／译

17　　　　　生物多样性的一次次危机
　　　　　　　　　生物危机的五大历史历程
　　　　　　　　　　　　　　［法］帕特里克·德·维沃／著
　　　　　　　　　　　　　　　　　　　　　　吴博／译

18　　　　　实用生态学（第七版）

　　　　　　　　　　　　　　［法］弗朗索瓦·拉玛德／著
　　　　　　　　　　　　　　　　　　　　　　蔡婷玉／译

19　　　　　食物绝境

　　　　　　［法］尼古拉·于洛　法国生态监督委员会　卡丽娜·卢·马蒂尼翁／著
　　　　　　　　　　　　　　　　　　　　　　赵飒／译

20　　　　　食物主权与生态女性主义
　　　　　　　　　范达娜·席娃访谈录
　　　　　　　　　　　　　　［法］李欧内·阿斯特鲁克／著
　　　　　　　　　　　　　　　　　　　　　　王存苗／译

21　　　　　世界有意义吗

　　　　　　　　　　　　［法］让–马利·贝尔特　皮埃尔·哈比／著
　　　　　　　　　　　　　　　　　　　　　　薛静密／译

22　　　　　世界在我们手中
　　　　　　　各国可持续发展状况环球之旅
　　　　　　　　　　　　［法］马克·吉罗　西尔万·德拉韦尔涅／著
　　　　　　　　　　　　　　　　　　　　　　刘雯雯／译

23　　　　　泰坦尼克号症候群

　　　　　　　　　　　　　　［法］尼古拉·于洛／著
　　　　　　　　　　　　　　　　　　　　　　吴博／译

24　　　　　温室效应与气候变化

　　　　　　　　　　　　［法］爱德华·巴德　杰罗姆·夏贝拉／主编
　　　　　　　　　　　　　　　　　　　　　　张铱／译

25	**向人类讲解经济** 一只昆虫的视角 ［法］艾曼纽·德拉诺瓦／著 王旻／译
26	**应该害怕纳米吗** ［法］弗朗斯琳娜·玛拉诺／著 吴博／译
27	**永续经济** 走出新经济革命的迷失 ［法］艾曼纽·德拉诺瓦／著 胡瑜／译
28	**勇敢行动** 全球气候治理的行动方案 ［法］尼古拉·于洛／著 田晶／译
29	**与狼共栖** 人与动物的外交模式 ［法］巴蒂斯特·莫里佐／著 赵冉／译
30	**正视生态伦理** 改变我们现有的生活模式 ［法］科琳娜·佩吕雄／著 刘卉／译
31	**重返生态农业** ［法］皮埃尔·哈比／著 忻应嗣／译
32	**棕榈油的谎言与真相** ［法］艾玛纽埃尔·格伦德曼／著 张黎／译
33	**走出化石时代** 低碳变革就在眼前 ［法］马克西姆·孔布／著 韩珠萍／译